Thank you for buying our book and welcome to the exciting world of Sudoku!

How to Play Sudoku

The objective is to fill a 9×9 grid with digits so that each column, each row, and each of the nine 3×3 subgrids that compose the grid (also called "boxes", "blocks", "regions", or "subsquares") contains all of the digits from 1 to 9.

Unfinished

5			2			9		
		9		4	6		8	
3					7	5	1	
	5			6			4	
			3	5	4			
	6			9			3	
	3	1	8					7
	7		6	1		2		
		5			9			3

Finished

5	4	8	2	3	1	9	7	6
7	1	9	5	4	6	3	8	2
3	2	6	9	8	7	5	1	4
1	5	3	7	6	2	8	4	9
8	9	7	3	5	4	6	2	1
4	6	2	1	9	8	7	3	5
6	3	1	8	2	5	4	9	7
9	7	4	6	1	3	2	5	8
2	8	5	4	7	9	1	6	3

What's in this Book?

We've included 400 puzzles for you to enjoy. There are 100 puzzles for each difficulty – *Easy*, *Medium*, *Hard*, and *Very Hard*. We've also included an answers section at the back (in case you get stuck).

Who's this Book for?

This book is perfect for Sudoku players of all skill levels and ages. If you're new to Sudoku, you can learn with our *Easy* puzzles. If you're a Sudoku master, you have access to our *Very Hard* puzzles. We recommend starting with *Easy* and working your way up.

Are you good enough to finish every puzzle? We'll see!

Puzzle #1 - Easy

4				7				6
	3		8			2		
6			4			3	9	
5			2	9		8		
			7		8			
		7		5	6			3
	4	5			1			9
		8			4		3	
2				3				8

Puzzle #2 - Easy

9			7	3			6	
4		2				9		
7			2	5				8
		7	6		8			
	9			4			2	
			3		2	5		
2				6	1			9
		5				7		4
	1			8	7			2

Puzzle #3 - Easy

5			2			9		
		9		4	6		8	
3					7	5	1	
	5			6			4	
			3	5	4			
	6			9			3	
	3	1	8					7
	7		6	1		2		
		5			9			3

Puzzle #4 - Easy

2							6	
	7		8	1		4		
8	4	6			9			
7	1					2	4	
			1	3	4			
	6	4					9	1
			4			7	3	9
		9		6	7		2	
	3							4

Puzzle #5 - Easy

			8	1			7	
	1		4	3			5	8
		4				6		
4		8			5			9
			7		3			
6			2			5		3
		5				1		
2	7			4	1		9	
	8			5	7			

Puzzle #6 - Easy

3							8	
			5					
2	1			8		7	9	
	8	1	3		4	2		
	9	2		5		6	4	
		6	9		7	1	5	
	5	3		1			6	4
					5			
	4							5

Puzzle #7 - Easy

	6				3			
2	1				4	9		
7	5	4			8	1		
	2		8			6		
4								8
		7			2		1	
		5	4			2	9	1
		8	1				5	7
			7				4	

Puzzle #8 - Easy

5	3							4
9		4		5		1		7
			4		8			
	6		9		1	2	7	
	9	8	3		4		1	
			6		7			
7		3		9		6		2
6							9	8

Puzzle #9 - Easy

	4		8	6				2
			3	1		7	6	
						1	3	
2		4						7
7	5						8	9
1						4		5
	7	8						
	1	6		8	2			
4				5	1		9	

Puzzle #10 - Easy

	4					6		1
						3	7	
		8		7			4	
	5	2	4					9
3	1		9		2		8	4
4					8	2	3	
	3			6		5		
	7	1						
6		9					1	

Puzzle #11 - Easy

1				2			9	
7	2	5			9		1	
				7		4	2	
				5	8		6	9
				3				
8	6		9	1				
	8	7		9				
	4		8			3	5	7
	5			4				1

Puzzle #12 - Easy

6		1	4				3	5
		4	2	1		7		
	8		9	5				
1		9						
			3	7	9			
						4		6
				3	8		2	
		2		9	4	3		
5	7				2	9		8

Puzzle #13 - Easy

		5			2	8	9	
1			4	9	5			
4	6						1	
				2	7			
9			1	4	8			5
			9	5				
	9						4	7
			2	7	9			6
	2	1	8			3		

Puzzle #14 - Easy

				2	7			3
6		8					9	7
7						8		
2		7	6	1			4	
		9		7		1		
	6			4	5	7		2
		3						4
8	4					5		6
9			1	5				

Puzzle #15 - Easy

	2		6					3
4	5			1	3			
	9	8						
5		2						1
1	8		7	5	9		3	2
6						8		7
						5	9	
			9	2			1	6
9					4		7	

Puzzle #16 - Easy

3						4		1
6		4		2	1		7	
	9	1				3	2	
							3	
2			7	5	3			8
	8							
	7	8				9	4	
	3		6	9		1		2
9		2						3

Puzzle #17 - Easy

		8				6	4	
	4	1	6	3				
2		9	8	1				
	5		7					
3			9		2			7
					3		9	
				6	1	9		3
				9	5	1	2	
	9	3				4		

Puzzle #18 - Easy

6	2		3	4	5			
9		8				5		
	1				9	7		
4	7			9		6		
				3				
		9		7			1	8
		4	7				6	
		6				3		7
			2	6	1		9	5

Puzzle #19 - Easy

	4		1		9	6		
				8	4			9
8	1					4		
	8			7			6	
	6	1				5	7	
	2			9			4	
		3					9	4
4			6	1				
		2	9		3		5	

Puzzle #20 - Easy

9	2		5			8		
5						6		4
		8					7	
1		6		3		2		8
			6		2			
4		2		5		1		6
	8					7		
6		1						5
		9			6		4	2

Puzzle #21 - Easy

				6	7		3	9
9	3			1			8	7
					4			
	7			9			5	2
5								4
8	6			5			7	
			5					
4	9			8			2	3
3	8		1	2				

Puzzle #22 - Easy

		4			6	2		
8	9						4	7
		7			8			1
	2	9		5				
	7		3		4		5	
				9		4	8	
5			1			7		
7	1						6	3
		6	7			8		

Puzzle #23 - Easy

				1		3		
		1	3		2	4	5	9
7			9				6	
	6						4	2
		9				5		
5	4						8	
	3				9			8
1	9	5	8		7	6		
		6		4				

Puzzle #24 - Easy

		9	1			2		
			5		7		1	
5		7			4		9	
				1	2		6	7
			4		6			
1	9		7	5				
	7		8			9		3
	2		6		9			
		3			1	6		

Puzzle #25 - Easy

			1				5	
	1			4			6	
4				3	7		9	8
6			2			9		5
			4		8			
9		3			1			7
2	7		9	5				3
	9			1			8	
	6				4			

Puzzle #26 - Easy

						8	2	
			2	4		3		1
	5					4	7	
	4	9	3		1	6		
			9	2	7			
		3	8		4	7	5	
	3	7					6	
9		6		7	2			
	2	1						

Puzzle #27 - Easy

8	5						2	
						3		5
	1	3	6		4			
7				4	1			
	9	5	8		6	4	3	
			7	9				2
			2		7	5	8	
4		7						
	8						7	1

Puzzle #28 - Easy

8						9		
	4		8	1			7	
	7	6			3			
6	2	7	5	3		4		
		1		6	2	5	3	9
			4			6	2	
	1			2	8		9	
		5						8

Puzzle #29 - Easy

		6		3	4			
		9			6		4	7
				7	9	8		
		2				4	7	
7			6	2	8			3
	9	3				6		
		4	9	6				
6	1		3			2		
			4	8		3		

Puzzle #30 - Easy

					6	1	8	7
7	2		1					
		1	4		9			
		3		1				6
6		2		3		9		4
4				6		8		
			7		3	4		
					5		7	8
5	4	7	2					

Puzzle #31 - Easy

8	4			6	3			
6				1				8
							6	3
2		7			9	5		1
3								7
4		5	7			8		9
7	8							
1				9				2
			2	5			1	6

Puzzle #32 - Easy

	9						6	2
			1	9		3		4
			2				8	
8		7	6		5		2	
3								1
	2		8		9	7		6
	1				7			
9		6		2	3			
2	5						9	

Puzzle #33 - Easy

					3	1	8	
6		8			2	7		
2		7		9				
	7	4				6	3	
			1		7			
	2	9				8	1	
				5		4		3
		3	6			5		1
	4	2	3					

Puzzle #34 - Easy

9	5							8
			6	8	1	5	7	
	1		7					
1		5				7	9	
		3		6		8		
	4	8				3		6
					2		5	
	8	9	4	1	7			
4							8	1

Puzzle #35 - Easy

5						6		
	6		9	1	7	2		
		7		8				
	9		7		5	4	3	
		5				8		
	7	4	8		2		1	
				5		7		
		1	2	9	3		8	
		6						1

Puzzle #36 - Easy

	7		2					
		4		5			2	
	6		3	9	1			7
8	3		5			2		
		1		3		6		
		2			9		7	3
5			6	2	3		4	
	9			4		7		
					7		8	

Puzzle #37 - Easy

7	4		1		5	3		
2							4	
	8		4	9	7	1		
					6	4		
	2			3			6	
		3	8					
		2	5	6	1		9	
	9							4
		5	9		8		2	3

Puzzle #38 - Easy

4		2	8					
9	7		4				1	
	6					4	8	
5		3	1					
	8	4		2		9	5	
					9	6		4
	5	6					2	
	3				1		4	9
					8	5		3

Puzzle #39 - Easy

	5		9	1				7
	9							8
		4			7			1
5			4			3		2
	7		8	3	1		5	
4		6			2			9
3			6			1		
1							4	
6				7	8		9	

Puzzle #40 - Easy

			5				7	6
			8	6				
	3	5						2
5	9			2			3	7
		8	3		4	1		
2	1			8			6	4
3						2	1	
				3	7			
9	8				5			

Puzzle #41 - Easy

	9		5		3			
1	6	4		9				
7	5						6	
9			7			3	1	
			3		8			
	4	2			1			7
	2						5	3
				1		2	9	8
			8		2		4	

Puzzle #42 - Easy

		2				5	3	
8							4	7
			2	1		9		8
9	4			2				
	2		4		1		9	
				3			2	4
1		8		5	6			
7	6							9
	5	3				1		

Puzzle #43 - Easy

			7		5	2		
	8		9			4		
				8		5		
	7		5		4	9		
5		4	8	1	2	6		3
		1	3		7		4	
		2		3				
		3			8		9	
		7	1		6			

Puzzle #44 - Easy

1	5			8			2	
		2			7	1	9	
							7	
3	9		4	7				
8		4		9		3		7
				6	3		4	1
	6							
	8	3	7			4		
	2			4			5	6

Puzzle #45 - Easy

		8				7		
6			3	4	9		5	
2				5				
8	5			2		1	4	
			4		5			
	2	3		6			8	5
				7				1
	1		8	3	4			2
		5				8		

Puzzle #46 - Easy

		3						
1	6		7				9	
		7	8	4	2		6	
	8		3	1		4	5	
				6				
	1	6		2	5		7	
	2		1	3	9	6		
	7				6		4	9
						5		

Puzzle #47 - Easy

	1						7	
	7			9		5		4
		5		1	3			2
		4			8	7		6
			5		6			
3		8	9			2		
8			3	5		4		
1		2		7			8	
	4						6	

Puzzle #48 - Easy

	5	4			1			
		6						
	2	7	9			6		
	4		1	3	9			7
7			6		8			9
3			5	4	7		6	
		9			4	7	2	
						5		
			8			3	4	

Puzzle #49 - Easy

				8	9		4	2
9	7						3	
2		8	5					9
		3			7	1		8
				4				
6		2	8			4		
5					8	2		3
	2						7	1
1	3		7	9				

Puzzle #50 - Easy

			8		3			5
2		4					8	
	8			7		4		
4				2		7		1
		1	5		7	9		
5		7		6				2
		5		8			7	
	1					5		6
6			7		4			

Puzzle #51 - Easy

		7					1	9
	8		1				4	
		4	8		9			
8	3		9			4		
		2	5		6	1		
		1			4		7	3
			6		8	7		
	9				5		3	
6	1					9		

Puzzle #52 - Easy

	7				9	8	5	
		6						7
	4	8		3	1			
					3	6	8	
	5		8		2		1	
	6	7	1					
			9	8		3	4	
7						5		
	3	1	2				7	

Puzzle #53 - Easy

	3		6	5				8
			1		9		4	
1				2	8			
	2					9		7
	9		4		7		6	
8		1					5	
			2	7				9
	4		3		6			
3				4	1		2	

Puzzle #54 - Easy

			1	4		3	9	
		4						
6	1				3	5		
8		7	9				5	1
		6		2		7		
2	9				5	8		4
		3	4				2	5
						6		
	6	5		3	8			

Puzzle #55 - Easy

1			2	9	6			
8		9					4	6
	3				7	2		
	8			5	3		9	
	6		4	2			8	
		1	7				3	
6	7					5		4
			5	3	2			1

Puzzle #56 - Easy

7	1							5
8				1		4	3	
	9	6			4			
5		1	2					
	3	8		4		6	1	
					6	3		8
			4			1	8	
	2	9		3				6
4							7	3

Puzzle #57 - Easy

3						6	5	
8				5	2			
		5	1		7			3
2					5	3	7	
		9				4		
	3	7	9					6
7			2		3	9		
			4	9				8
	9	8						1

Puzzle #58 - Easy

		5		6	1	4	8	
					7	2		6
		8	3				1	
	6				3			
7		3		4		5		8
			1				6	
	5				4	8		
3		7	5					
	2	1	8	3		9		

Puzzle #59 - Easy

			4	5		3	6	
	9	6					2	4
3		8		9				5
1								
6			5	7	3			2
								8
9				8		2		1
8	5					6	4	
	3	1		4	5			

Puzzle #60 - Easy

			7			2		5
4			8					3
7		6		5		1		
	2		6					1
	9		1		5		2	
1					2		9	
		4		6		3		9
8					3			4
3		9			7			

Puzzle #61 - Easy

	1				2			3
7	6		4				1	9
			1	8				
		8					7	1
	9		7		6		8	
2	4					6		
				5	7			
5	8				3		6	7
9			8				3	

Puzzle #62 - Easy

	2	8	7			1		5
				8		7		
	6	1				3		8
			8	6				1
			2	4	1			
8				3	5			
2		5				9	6	
		6		2				
1		3			8	2	5	

Puzzle #63 - Easy

4		2	8					
9	7		4				1	
	6					4	8	
5		3	1					
	8	4		2		9	5	
					9	6		4
	5	6					2	
	3				1		4	9
					8	5		3

Puzzle #64 - Easy

	9			2		7	6	
					8	1		
5				7	1			9
8	5	7					9	6
9	6					2	4	8
3			1	8				5
		5	6					
	1	2		3			7	

Puzzle #65 - Easy

			3			5		
8			9		5	7	2	
								1
1			5		7	3	6	4
2								9
6	5	3	8		4			7
3								
	2	5	7		8			3
		4			2			

Puzzle #66 - Easy

						8	2	4
					1	7		
2	9		8					
5	7			3		2	1	
3		9				5		6
	4	2		6			7	9
					6		5	3
		7	5					
1	5	4						

Puzzle #67 - Easy

	5				8	2		9
	1		2		9	6	3	
3						8	7	
				7			5	
			5		4			
	3			6				
	6	8						1
	7	3	9		1		4	
1		4	3				2	

Puzzle #68 - Easy

	6	3	7				2	1
	4				6			
5			8		4	9	3	
			6					3
		9				7		
3					7			
	3	8	5		2			7
			1				4	
2	7				3	8	5	

Puzzle #69 - Easy

	7				8	1		2
	8	9	4			6		
2		1	9				5	
				6		5	4	
				2				
	4	8		9				
	9				1	3		5
		4			5	8	1	
3		5	6				7	

Puzzle #70 - Easy

1		4	5				2	9
8				6	1			4
		7						
3	8		9				1	
5				4				6
	1				2		3	7
						3		
7			6	2				8
9	2				4	6		1

Puzzle #71 - Easy

	4	5			7	6		
	3				9	1		
8							2	7
	5			3		8		
6			7	2	4			1
		3		8			6	
5	6							4
		7	5				9	
		4	6			2	5	

Puzzle #72 - Easy

		4			6	5		
9		8			1	4		
2					3		9	
	8		3		4	2		9
				5				
4		6	9		7		5	
	5		7					4
		9	8			3		7
		7	6			8		

Puzzle #73 - Easy

8							1	5
6	9		1		3			2
2			7			8		
			4	7				
	7		9		8		4	
				3	5			
		8			2			4
5			8		6		3	1
4	1							6

Puzzle #74 - Easy

		8	1		4			
		9	5		7			
7						6		4
5				7	2		8	9
3								7
8	6		9	5				1
1		4						5
			4		8	1		
			3		5	2		

Puzzle #75 - Easy

7	9		3	6				
			7			4		5
	1					6	7	
				1		8		7
	4	7		9		5	2	
3		1		5				
	8	3					6	
9		5			6			
				3	8		5	4

Puzzle #76 - Easy

6	2			1		5		
		1			3			4
		4		9	7	2		6
					9			
9		6				3		2
			6					
8		3	4	2		7		
1			9			8		
		5		7			3	9

Puzzle #77 - Easy

3								9
			4		3	1		
6		8		5				3
1	8	2				9		6
			6		5			
7		5				3	4	2
5				9		6		4
		9	5		4			
2								7

Puzzle #78 - Easy

1					6	5		
						8	9	2
	2		3				7	
2	7	5	9	6		3		
		3		7	8	9	2	1
	5				4		8	
7	8	1						
		6	7					3

Puzzle #79 - Easy

7	1	4		2	5			
		2						
			9				7	4
	3					1	5	
	5	7	8		4	9	3	
	2	9					6	
6	9				3			
						7		
			1	9		5	4	3

Puzzle #80 - Easy

2		3	5	9		7		
		8	4					
			8			1	9	6
	2	5						1
		1				6		
7						2	4	
8	6	9			5			
					8	4		
		4		1	2	8		9

Puzzle #81 - Easy

3				8				9
5	7					2		4
				4			6	
		3	9		4	8		
4	1						2	3
		7	3		2	5		
	4			9				
9		1					3	8
2				7				1

Puzzle #82 - Easy

			6	5		4		
	4				3	9		
3					8		2	
	2				9	8	6	
9			1		4			2
	6	3	8				4	
	7		9					5
		1	7				9	
		4		3	1			

Puzzle #83 - Easy

	8	7	4	2	6			
4				5		7		6
				1				
	1	8			7	3		
	2			9			7	
		6	8			5	1	
				4				
1		3		8				4
			3	7	9	2	5	

Puzzle #84 - Easy

			1					5
8	4			9	6		3	
7				3				
6			5			4	7	3
9				7				8
5	7	3			8			2
				1				6
	3		2	8			5	4
2					4			

Puzzle #85 - Easy

	3			5				
	4			9		6		1
8			7					
		7		6	2	9		4
	5		9	3	1		6	
6		1	4	8		2		
					3			7
5		4		7			2	
				1			8	

Puzzle #86 - Easy

					1			7
1	7	4				2		
5		3	4					6
9	1				2			
	8	7				3	1	
			7				8	5
4					3	6		1
		9				5	4	3
2			6					

Puzzle #87 - Easy

6		7	9	1				4
	1				4		7	
			2				6	8
		3	7					
2		6		3		5		7
					9	6		
9	6				2			
	5		1				8	
4				5	7	9		2

Puzzle #88 - Easy

		9		1				4
	7	5	8		4	2		3
						1	8	7
					9		2	
			7	5	6			
	6		4					
8	3	2						
9		7	1		2	5	6	
6				4		3		

Puzzle #89 - Easy

2		8	7					
6		9		1			5	3
	5							
		6			5		4	1
3	4						8	6
8	2		3			9		
							3	
4	1			2		6		7
					3	1		4

Puzzle #90 - Easy

2	4		7					
		7	1				3	
1	6			4		8		7
		8				3	7	
4				9				5
	3	5				1		
5		6		8			4	2
	9				1	6		
					9		5	1

Puzzle #91 - Easy

		7		1			9	3
2		5						8
	6	3		2				5
					4		7	
		9	2	8	6	5		
	4		3					
6				7		4	5	
5						6		2
9	2			6		3		

Puzzle #92 - Easy

4	1	2		8	6	5		
			3				8	
	7					9		2
					3			6
7		9				3		5
1			6					
3		7					2	
	8				1			
		1	8	5		6	3	9

Puzzle #93 - Easy

				4	6	2		5
9			5	3		1		
						3	9	
3	4			1		6		
5								1
		7		9			8	2
	8	3						
		5		6	3			9
6		2	1	5				

Puzzle #94 - Easy

		1	2		6			
3		2			9			7
		5		7	4			2
	9	8	5			6		
		7			2	4	9	
5			9	2		1		
4			1			7		3
			4		7	2		

Puzzle #95 - Easy

		4		6				9
7			2				8	
					3	1		7
6	5		8	1		9		
	1			7			3	
		7		5	6		2	1
5		1	6					
	6				5			8
4				8		5		

Puzzle #96 - Easy

			2		7			3
5		6	3					
9		2		8				
	4		9	3	1		8	
		3		4		1		
	1		8	7	6		4	
				6		8		9
					9	6		4
6			4		8			

Puzzle #97 - Easy

9			3				6	
		6	2		8			4
3		8		4				9
			7			8		
	8	5		1		9	7	
		7			5			
7				8		3		1
8			5		1	4		
	5				4			6

Puzzle #98 - Easy

6	2	9	3					4
1			4	2				
			9			3	6	
7							1	6
	6			1			9	
9	1							7
	9	3			4			
				5	7			3
4					9	6	8	5

Puzzle #99 - Easy

		6		3	5		4	
7					8	3	5	
3							6	8
6				8			1	3
				1				
4	7			9				5
9	3							1
	6	8	7					9
	1		3	4		2		

Puzzle #100 - Easy

	5	4		1				
6		9			8		7	
1		8	5					4
9	4			8				
	2						4	
				4			2	3
5					6	4		2
	6		9			1		7
				5		8	3	

Puzzle #1 - Medium

8				5	9			
		2	3		6	5		8
	1			2	4			
7		4				2	9	
	2	6				1		5
			5	9			1	
6		5	1		8	3		
			4	6				9

Puzzle #2 - Medium

		9			5			4
	8	2		7	4			3
	4	5		6			2	
5		6					3	
	1					9		6
	5			8		1	9	
8			4	9		6	7	
6			2			3		

Puzzle #3 - Medium

			2	6				
5	6			7				1
					1	9		6
		4			6	7		
2	7		8	1	5		4	9
		8	4			5		
7		5	1					
1				3			7	5
				5	4			

Puzzle #4 - Medium

	8		2			9	3	
				1	9		6	
		5	3		4			
					3	6		
	5	4	7		1	3	2	
		7	6					
			9		8	1		
	2		1	6				
	1	6			7		5	

Puzzle #5 - Medium

2						5	9	
1		8	5		4			7
	3	7						
9	5		7					
3			8		1			4
					5		1	9
						2	4	
4			1		8	9		3
	6	9						5

Puzzle #6 - Medium

			7		5	4		
	5		1					
1		7	9	6	2	3		
						8	3	1
		1				7		
2	6	3						
		4	5	9	3	6		2
					8		9	
		6	4		7			

Puzzle #7 - Medium

	8				6	1		
				5				6
	9	2		1				5
	1		5	6			4	2
		5		9		6		
7	4			3	2		1	
2				4		8	3	
1				8				
		4	3				5	

Puzzle #8 - Medium

2					4			8
9			5					
	8	5		7	1			
	7	8		9		4	3	
			6	4	7			
	9	4		1		7	6	
			1	2		5	4	
					9			6
8			4					3

Puzzle #9 - Medium

	7						8	1
		3	8		5		9	
2			9			7	3	
			2	1				
	2		3		8		6	
				9	6			
	3	1			9			5
	6		5		7	3		
4	5						2	

Puzzle #10 - Medium

7			8					5
	4			6	3			
9		6	1				8	
2	6	5	4					3
				2				
3					5	9	1	2
	1				6	5		7
			2	7			6	
6					4			8

Puzzle #11 - Medium

	9	6				8		
2		3		9			7	
5	4	1	7					
		7			4		2	
9								4
	2		8			1		
					2	7	8	3
	3			8		9		2
		2				6	5	

Puzzle #12 - Medium

5	6							4
				5		7		
		7		1				6
6		8	5					2
4	9		3		8		5	7
7					2	8		9
1				7		4		
		5		2				
8							9	1

Puzzle #13 - Medium

		7			9			
1	2		5			8	3	7
				1		9		
		2	4					5
7	4						9	6
9					5	4		
		1		8				
5	9	3			7		2	8
			6			3		

Puzzle #14 - Medium

						6		3
	7	3			2	8		
		8		3	1		9	
3		6					7	
5	8			4			3	9
	1					5		4
	9		1	5		3		
		5	6			7	8	
7		1						

Puzzle #15 - Medium

8		6			1	3		
			9	6				
3	5	9		2				
1	9					7		
2			8		7			4
		8					3	1
				7		8	4	6
				4	5			
		7	3			9		5

Puzzle #16 - Medium

6					5		1	
				8			3	2
3		1	9	6				
1		5			7	4		
		3				7		
		2	6			3		5
				7	9	5		3
5	9			1				
	3		5					8

Puzzle #17 - Medium

4	1		8			3		
9			3		2		6	4
		2		4			8	
				8	9			
		6				5		
			7	1				
	7			6		8		
3	4		2		8			1
		8			7		4	2

Puzzle #18 - Medium

	7	9			6	4		
3	5			4				
6			8					
		7		9	2	6		8
			7		1			
9		3	4	6		7		
					5			6
				2			7	4
		1	9			8	5	

Puzzle #19 - Medium

6	3					2		
9		2	8			3		
		7		3		4		9
				7	6		4	
			1	9	3			
	2		5	4				
3		1		2		6		
		9			5	1		2
		8					5	4

Puzzle #20 - Medium

		1			2	9		
			9	4	6	8	5	
	9	4		3				
	3						9	6
9								5
4	5						3	
				5		2	1	
	6	7	3	1	9			
		5	7			3		

Puzzle #21 - Medium

1	6			8	3			
			5			3	4	
5			7				8	6
	5		6		1			8
3			2		8		5	
7	3				4			2
	8	1			2			
			8	6			3	9

Puzzle #22 - Medium

				6	7	5		
6			2	8		3		4
		4			1			6
8		6					9	
	9			1			5	
	4					8		7
7			3			1		
4		8		7	6			2
		3	1	2				

Puzzle #23 - Medium

9			2	6	5			
	2				8	5	3	
				9			2	8
						2	9	
5		2		4		3		7
	8	7						
6	7			2				
	5	3	6				4	
			5	3	9			2

Puzzle #24 - Medium

		4	8	9				
3	2	9	1		7			
					4			9
	3			7		9	8	
	1			4			6	
	9	6		3			2	
9			4					
			9		5	2	7	6
				8	2	4		

Puzzle #25 - Medium

					5		8	1
	7				8	5		9
			4	7	9			
5						4	7	
		2	7	8	4	3		
	3	4						8
			2	1	6			
1		6	8				5	
2	8		9					

Puzzle #26 - Medium

2	4			5				
6	7		2	1				
5		9	3		7			
		2	6		8		7	
	9		7		1	3		
			8		2	9		7
				6	9		4	2
				7			5	8

Puzzle #27 - Medium

						8	4	9
		6	8		5			
8	1						5	
	4			3		2		5
6		1				4		7
3		5		2			6	
	8						9	6
			4		3	5		
5	6	3						

Puzzle #28 - Medium

3	8				1		4	
							3	
4			7	6	3			5
1	5	3			9			8
				8				
8			3			2	9	1
7			4	1	5			6
	3							
	1		6				7	2

Puzzle #29 - Medium

		4	8			1	6	
				3				8
6		2	5					4
8							7	1
2			9		7			5
7	6							9
4					3	9		6
1				4				
	3	7			9	8		

Puzzle #30 - Medium

		2		5		8		
				9			1	4
1				7	3			5
	1	4		6	8			
		5		2		1		
			9	1		4	2	
5			6	4				7
8	9			3				
		1		8		3		

Puzzle #31 - Medium

7		9						
3	6		8			9		
2				7			6	4
6					9	8	7	
		4		8		2		
	8	7	2					1
1	9			6				2
		5			2		3	6
						1		9

Puzzle #32 - Medium

		4	2			3		7
		5					2	6
					6			
3	9			1		4	7	2
	4						6	
1	7	6		3			9	8
			8					
7	6					2		
8		3			4	7		

Puzzle #33 - Medium

3		1			6			5
			4	2	1			9
	4		5	3				
			7				9	
8		5				4		7
	3				4			
				9	8		3	
5			6	4	2			
9			3			6		4

Puzzle #34 - Medium

	7	9	5					4
				2		7		
2					4		1	
1	4				9		6	3
		6				9		
5	9		7				4	1
	6		2					8
		2		3				
7					6	4	9	

Puzzle #35 - Medium

	6					1		
	4	9	2	1				
	5				6		9	2
		2		6		5	1	
9				4				6
	7	6		2		3		
8	9		7				3	
				8	4	2	7	
		7					8	

Puzzle #36 - Medium

1			8					4
	8				9			
6	2	9		1				8
				4		6		
2	7	4				5	9	1
		6		7				
9				3		1	5	6
			4				7	
7					8			3

Puzzle #37 - Medium

	1	3	6		4			9
	7		5		2			
				9			5	
6			3				9	2
		5				8		
3	9				1			5
	6			7				
			2		5		6	
8			4		3	9	1	

Puzzle #38 - Medium

6		9	3				7	4
	8				4			
		4	1		2			8
	3		8			7		
9				4				3
		7			6		2	
4			6		3	2		
			5				1	
5	9				1	8		6

Puzzle #39 - Medium

8		7	5					3
							9	
3		1	7	9				5
4	3			5				
1		5		7		8		4
				8			2	1
7				4	5	1		2
	4							
5					6	4		7

Puzzle #40 - Medium

1			6	3				
		5	4	2				9
	3				9		1	5
6		8			3			
		4				1		
			9			6		3
4	1		2				7	
8				9	4	5		
				6	7			1

Puzzle #41 - Medium

1				2		5		
6			1		7		9	2
5					9		7	6
		5		6				8
				3				
4				7		9		
3	5		6					9
7	8		2		3			5
		6		8				3

Puzzle #42 - Medium

		3		8		6		7
		1	3		5		8	
8				6				
4	3						6	
9			4		1			2
	7						9	3
				7				6
	1		5		8	2		
3		9		1		5		

Puzzle #43 - Medium

	7	6						
		3			9		4	
1			7	2		9		6
	5		2	9		3		
	9						2	
		2		1	3		5	
2		4		5	7			3
	3		6			2		
						1	8	

Puzzle #44 - Medium

8		3	2			7	5	
1	5							
6		7	8					3
			9			5	2	
			3		1			
	2	9			4			
2					3	8		5
							4	2
	1	6			2	3		9

Puzzle #45 - Medium

	1	7		2	3			
		6			5	9	1	
9								
		2			6	4	3	8
			2		7			
8	6	1	3			5		
								9
	2	9	5			7		
			4	9		6	2	

Puzzle #46 - Medium

6	2				9	4		3
	4		5				9	6
				4			5	
		9		3				
	8	4				6	1	
				6		5		
	3			5				
7	1				8		6	
9		6	2				4	7

Puzzle #47 - Medium

4		8	1	5				
6	5			9				4
		9					5	
7				3	8	5	4	
	4	3	6	1				9
	3					6		
5				8			1	3
				6	9	8		5

Puzzle #48 - Medium

			7	8				
5		8	1		2			
6						1		
4	3			9	6			1
	2	6				4	9	
9			4	7			2	3
		3						4
			9		5	2		8
				4	8			

Puzzle #49 - Medium

	5				9	6		
					8	1	7	
	9	6		4		2	8	
	8					4		
3			4		7			1
		5					3	
	7	2		5		3	1	
	1	8	9					
		4	2				5	

Puzzle #50 - Medium

	5		3	9	6			
1						4		2
				4			9	3
			4					5
	7	4	8		5	9	2	
5					9			
6	2			8				
9		5						1
			1	5	2		3	

Puzzle #51 - Medium

	6	9	8					7
5				6				4
	4	8						6
	7		6		8		5	
	3			2			9	
	1		9		7		4	
1						2	7	
4				7				3
2					5	4	6	

Puzzle #52 - Medium

				5			4	
			4		9	1	3	
	4	3	6					2
				3			5	7
		6	5		2	8		
4	8			9				
1					7	5	6	
	5	9	1		8			
	3			6				

Puzzle #53 - Medium

	4			6				3
	8		5		3	9		
				9	4	5	8	
		1					3	
	2	8				7	9	
	3					2		
	1	6	2	3				
		4	6		1		2	
5				7			1	

Puzzle #54 - Medium

				2	1	4	8	
					7			6
8			6		3	9		
2							7	
	4	7	1		9	3	2	
	1							9
		5	3		6			1
7			2					
	2	1	8	9				

Puzzle #55 - Medium

	5	7		9	6			4
6		4					9	1
						5		
			2		9			8
8		6				9		5
5			8		4			
		9						
3	8					6		2
4			1	3		8	7	

Puzzle #56 - Medium

		2				7		
1				6			5	
				9	8	1		3
3	2			8		5	1	
9				3				2
	5	7		4			8	9
2		9	4	5				
	3			2				4
		6				9		

Puzzle #57 - Medium

2			6	7				1
							7	5
	5		9	3			8	
5			7	2		4		
	4			1			9	
		1		4	9			6
	7			6	8		5	
8	2							
1				5	2			7

Puzzle #58 - Medium

					1		2	4
2		1			9			
5	6			4				9
7	3				6		9	
			9		3			
	9		5				6	2
8				9			7	3
			8			6		5
3	1		2					

Puzzle #59 - Medium

6	3					2		
9		2	8			3		
		7		3		4		9
				7	6		4	
			1	9	3			
	2		5	4				
3		1		2		6		
		9			5	1		2
		8					5	4

Puzzle #60 - Medium

					6	2	4	
	2	9	8			6		5
			1	2				9
		4			7	1	9	
				1				
	1	6	2			4		
9				7	4			
3		2			1	5	7	
	7	8	3					

Puzzle #61 - Medium

7			9	5				4
	5	6	8			2		
8					7			
			2		8	3		
2	4						5	7
		9	3		5			
			7					8
		7			1	5	6	
3				9	2			1

Puzzle #62 - Medium

	9	5			4		2	
3								4
			6	3	7	1	5	9
						7		5
		1		7		2		
2		8						
4	6	3	2	1	9			
5								3
	8		7			4	6	

Puzzle #63 - Medium

			5	1			2	
					7	6		
9				3	2		8	1
5	4	2						
1		6		5		2		8
						5	4	3
8	2		9	4				7
		7	2					
	6			8	5			

Puzzle #64 - Medium

		1				3		5
	4			9		1		
9			1		5		2	8
				8	4			3
	3			5			4	
6			2	3				
4	8		3		9			2
		5		1			8	
1		7				9		

Puzzle #65 - Medium

8		7	5		9			
	6	5		3		4		
	1		6		7			
7		2	8					
5								3
					4	1		2
			4		3		1	
		9		5		2	4	
			9		2	3		5

Puzzle #66 - Medium

	7	2			8	6		
	4					8		
			6			5		
2		4	1		3	7		6
	6						3	
9		1	7		2	4		5
		3			9			
		8					5	
		6	5			9	4	

Puzzle #67 - Medium

		2				3	1	
			3		4		9	7
	3		6		8			
1		8		7			4	
		7				6		
	9			8		5		1
			1		5		2	
9	8		2		7			
	2	1				7		

Puzzle #68 - Medium

			9	2	8	3		
6		4	3			2		9
9						5		
			2			7		
	7		6		5		9	
		6			3			
		8						7
4		9			7	1		2
		1	8	4	2			

Puzzle #69 - Medium

	1						2	6
		4	8	1				
2		8			9		7	
1			2			9		
	4	3				2	8	
		2			7			1
	6		7			4		9
				6	8	7		
3	2						5	

Puzzle #70 - Medium

	7		2					4
3		4	6	7		2		
6					4			
	4	3						9
2			9	8	1			3
8						7	6	
			4					6
		5		3	6	1		7
4					9		3	

Puzzle #71 - Medium

7		2		4		6		5
					2		4	
	4	8				2	3	
8	7							
1		9		6		3		8
							2	6
	3	7				1	5	
	8		3					
9		4		2		7		3

Puzzle #72 - Medium

3		2			6		9	7
		7			2			
		1		9	7		8	
					3	4		9
	3			2			5	
9		5	1					
	2		8	4		6		
			6			9		
1	4		2			5		8

Puzzle #73 - Medium

2			5	6		9		
8				2			5	
	9		4					
	2				5	8		4
6	5			7			3	1
4		8	2				9	
					6		8	
	4			8				7
		6		5	7			9

Puzzle #74 - Medium

		2	9			5	8	
	8			7	2	9	6	
					3			1
3		8		9				
	1			3			5	
				8		3		2
2			3					
	3	6	7	5			2	
	5	9			6	4		

Puzzle #75 - Medium

			4	3				1
5		2			9	8		4
		4						6
		1	8				3	
6			5		4			7
	7				3	1		
3						7		
8		9	7			6		3
1				8	5			

Puzzle #76 - Medium

	4		9				6	
		6	5	3	2			
	1		8			9		
3	2	5	6					
1								2
					3	6	1	5
		4			5		3	
			4	7	8	5		
	5				6		9	

Puzzle #77 - Medium

	9		4	3	7			5
							2	
	8	3	6		2		4	
	6	7					9	
2								4
	5					2	7	
	4		8		5	3	6	
	2							
9			7	1	4		5	

Puzzle #78 - Medium

		5			2	8		
	3			7		1		
8		7	3	5			4	
4				9				
7		6				5		9
				2				4
	6			1	4	2		3
		1		6			8	
		2	9			4		

Puzzle #79 - Medium

9		1		4				2
	4						9	
	6				5		3	1
1	2			9	3			
		5				3		
			1	5			2	7
7	5		8				6	
	1						4	
3				1		2		9

Puzzle #80 - Medium

3		9			4	1		
						6		8
				6	7	2	9	4
	9			8	1	3		
		1	9	3			7	
9	7	2	6	5				
4		8						
		6	4			7		5

Puzzle #81 - Medium

6		4				3		
3	5	2			7		4	
9					3			
7		3			1			
	9		4		6		8	
			2			5		7
			3					5
	4		1			2	3	9
		9				4		1

Puzzle #82 - Medium

9	2			8				1
	1		6			7		3
6							8	
8					2		7	
2		9		7		8		6
	5		1					9
	9							8
1		5			4		3	
7				5			9	2

Puzzle #83 - Medium

	9			8				
			5		1	3		6
	1	6	3			2		
1				6			7	
6	3						4	9
	4			3				5
		7			6	4	3	
4		3	2		9			
				7			5	

Puzzle #84 - Medium

		4		7		1		
	6						5	
				1	9	3	4	8
2			7	4		5		
			9	6	2			
		6		5	8			1
4	1	7	5	2				
	9						2	
		3		9		7		

Puzzle #85 - Medium

	9	8		7	3	1		
		5		9			7	6
			5					
		3			9		8	7
			2	4	6			
5	2		8			6		
					8			
8	1			6		4		
		6	3	1		7	9	

Puzzle #86 - Medium

	2				4	8	3	
		3		8				7
	7		5			2	6	
				4		5		6
	3			2			9	
8		4		6				
	4	9			8		7	
2				5		9		
	1	7	4				8	

Puzzle #87 - Medium

		4		1	3			
	7		2			9		
			7	5		3	1	
		8		4		5	9	
	5						2	
	1	3		9		4		
	8	5		2	6			
		6			7		5	
			1	8		2		

Puzzle #88 - Medium

5	6			9				
	8	2			4	6		9
	3	1		7			5	
	7					3		
4								1
		3					8	
	9			1		7	4	
2		6	7			9	1	
				3			2	5

Puzzle #89 - Medium

4						3	1	9
9				1	8	5		
	5		9					
			8			6	5	
		9	7		1	2		
	2	5			6			
					9		8	
		7	3	8				2
8	9	2						7

Puzzle #90 - Medium

			4	7	6			
	9	4	8					
6			5		2		3	4
3	8						9	
		6				7		
	5						4	6
2	3		6		7			1
					5	4	2	
			1	2	3			

Puzzle #91 - Medium

				2	4		3	1
							4	8
1	8		6					9
					5	7		3
	1		2		6		5	
9		5	3					
5					9		1	7
4	3							
7	9		1	3				

Puzzle #92 - Medium

			7	1				
9		5			3			6
	2				5			3
		2	1			3	6	7
	8			3			2	
7	3	6			2	8		
8			3				9	
2			5			7		1
				7	8			

Puzzle #93 - Medium

9		8		7		2		
		4			9			
			4		6	3		
	4			5			3	
	1	3	9	6	4	7	5	
	9			8			2	
		9	2		8			
			7			1		
		2		9		8		7

Puzzle #94 - Medium

	3	8	5		6		9	
1	4					2		
			1					3
6		4		8			7	
			4		1			
	2			9		4		6
2					3			
		7					8	1
	6		8		9	5	3	

Puzzle #95 - Medium

	7			1				4
6	1		7		5			
8				6	2			
5	4	8						
7			6	4	3			5
						7	4	1
			9	3				6
			5		6		8	9
4				8			5	

Puzzle #96 - Medium

			2		6			8
		4		5		9		1
							4	6
		1	4	3				7
	2		1		7		8	
4				6	2	3		
1	8							
9		5		1		8		
7			5		4			

Puzzle #97 - Medium

		2				3		9
7			6	2		1	4	
	4	9			3	6		
	1			3				5
3				4			9	
		3	1			9	8	
	6	1		9	8			3
4		8				2		

Puzzle #98 - Medium

3		5	7			9		
		6					5	2
	2	4	6				3	7
		2		8	7			
				5				
			1	4		2		
5	6				3	4	1	
4	1					5		
		3			4	7		6

Puzzle #99 - Medium

1		6	3	2			5	
2	8			6	1			3
	3							6
					9	5		
		5				8		
		8	4					
6							8	
4			8	5			1	2
	1			7	4	3		5

Puzzle #100 - Medium

8	1		6		2	4		
		2						
4				8	9			
			5		4		7	1
1	9			2			8	4
2	4		3		8			
			9	5				8
						9		
		4	8		1		3	2

Puzzle #1 - Hard

	6	4	3			9		2
1		7						
8		9		2				6
		6			9			
		5	8		2	4		
			6			5		
7				4		6		9
						2		4
4		8			6	3	5	

Puzzle #2 - Hard

	9		4	1		6		3
					7		9	1
				8		4		
	1		3				8	
3		4				9		2
	5				1		4	
		1		7				
5	8		1					
9		7		3	8		5	

Puzzle #3 - Hard

	2	6	1		8			9
					2			
			4	6			5	
8		2					4	7
		4	2		5	9		
1	5					2		8
	6			9	4			
			8					
3			5		6	8	7	

Puzzle #4 - Hard

	1	7			6			
4	3			9	1			
8		5		4	7			
	7			5			8	
		1		8		2		
	4			6			1	
			4	3		6		7
			9	7			2	1
			6			3	9	

Puzzle #5 - Hard

	9							
8		5		7				9
				5	9	3		8
		4	3		2		6	
6			5	9	7			3
	7		1		6	2		
1		9	7	6				
7				3		1		2
							7	

Puzzle #6 - Hard

	3		9					
9	1		5				2	
6		4				1		
			8			7		2
	2	6	7		5	4	3	
3		7			1			
		5				2		1
	7				8		4	6
					2		5	

Puzzle #7 - Hard

				5	8		2	
				9	3		4	1
8				2			3	
9				6		4	1	
5								2
	6	4		7				3
	8			4				7
7	4		1	3				
	9		5	8				

Puzzle #8 - Hard

1		2					6	3
	9		2					
3				6	9		2	
7					6	5		
9			4		7			8
		6	8					7
	7		6	9				5
					8		1	
8	1					4		6

Puzzle #9 - Hard

	4			6		7		2
				7	5		9	
			2			6		
7	5				8	3		
8		6				9		1
		9	3				8	7
		2			1			
	1		5	8				
3		7		4			1	

Puzzle #10 - Hard

1	5	6	9					4
	8							5
			5	1		2		6
		7			3			
	3		6		9		1	
			7			4		
2		5		9	7			
8							2	
3					1	5	8	7

Puzzle #11 - Hard

	9			2	5			6
	7		8		9			
3			7	1				
7	1						9	
6		2				8		7
	4						2	1
				8	7			3
			9		4		6	
5			1	3			4	

Puzzle #12 - Hard

7	4	8						
	3	5	8			4		
6	9			4	3			
			9	8				5
		6		3		8		
4				5	7			
			6	9			7	4
		4			2	9	3	
						5	8	2

Puzzle #13 - Hard

	3							
8	7	1		6	5			2
6	9		1					
1				8	3		2	
			5	2	1			
	8		7	9				5
					8		7	6
7			9	5		4	8	1
							9	

Puzzle #14 - Hard

2			5	6	1	7		
		7	2			5		
				4	7			6
3			7					5
		4				6		
9					8			1
4			9	1				
		5			6	9		
		9	4	8	5			3

Puzzle #15 - Hard

2		6		1				
	3	8	9					
7			6	5			1	
				6	7	8		
8	1			9			3	4
		4	3	8				
	7			4	9			3
					6	4	9	
				3		7		5

Puzzle #16 - Hard

		3			6	7		
1				3				6
	4	7	8		5			
			9			5	2	4
4								7
7	2	9			4			
			6		3	8	1	
9				5				2
		6	4			3		

Puzzle #17 - Hard

					1			
7	8	1	5				9	
			6			8		2
	9	2	1			6	3	
	1						4	
	4	3			9	1	2	
1		4			8			
	7				4	2	6	1
			9					

Puzzle #18 - Hard

5		7				9		8
			3			1		7
					8	6		2
			8	5				6
	4	8		9		5	2	
6				3	2			
7		2	9					
4		3			1			
9		6				2		4

Puzzle #19 - Hard

8	5						3	2
				3				5
9					6			
4		3	5		8		7	
		8	1		3	5		
	9		4		7	8		3
			6					1
3				4				
5	6						2	9

Puzzle #20 - Hard

				3			7	
9								
4	7		5	8	6			3
1	5					3		7
7			4	9	3			6
3		9					4	2
2			7	5	1		3	9
								5
	9			2				

Puzzle #21 - Hard

5		7					2	
	4	3		5				7
	2							5
7	9			3	4			
4			2	7	1			9
			5	9			3	4
3							6	
6				2		1	7	
	1					9		8

Puzzle #22 - Hard

8		9	4	6				5
	2	7						6
				9			1	
					4		5	
2		8	1		6	4		3
	4		9					
	8			4				
1						5	2	
3				1	8	6		7

Puzzle #23 - Hard

	4	2	8			7	5	
		7			5			
	1				4			9
			3	6	7	2	9	
	9	6	2	5	8			
5			4				6	
			7			5		
	7	3			6	8	4	

Puzzle #24 - Hard

	8		9		1	5		
	6					1	9	
3		9		7				
		2	1	3	4		8	
	4		6	8	7	3		
				5		9		8
	2	3					4	
		8	7		6		3	

Puzzle #25 - Hard

			4			9	2	
4								6
	8			1		5		
			3	7	4	2	1	
	4		5	8	9		6	
	3	9	1	2	6			
		1		5			8	
8								7
	7	3			8			

Puzzle #26 - Hard

	4					3		6
7			1					
	6		2	3			1	
		2	3	7				1
		1	4		5	2		
3				1	2	6		
	3			2	8		5	
					1			4
8		7					6	

Puzzle #27 - Hard

1						2		
		3			2	4	9	
	9	4	3					7
5		2		9			6	8
				2				
6	1			3		9		5
4					7	8	3	
	2	1	8			5		
		9						4

Puzzle #28 - Hard

2	3		8			4	6	
9								
	8	4		9				3
	1		6	2		9		
			9		1			
		9		5	8		3	
4				6		1	7	
								6
	7	2			5		9	4

Puzzle #29 - Hard

	1		5	8				9
			1	7				
5	3	8	2				1	
			8			3	9	
		4				2		
	6	5			2			
	7				5	1	6	8
				1	8			
6				2	7		5	

Puzzle #30 - Hard

	5			4	1	6		
	4	2	6			8		
1				8		2		
5		9	4				3	
				1				
	8				9	4		2
		7		2				1
		5			8	7	6	
		8	7	9			2	

Puzzle #31 - Hard

3					4	1		
5						9		
		8		9				6
	7		6				5	1
6		4	5		1	7		8
8	1				7		4	
1				8		2		
		6						3
		7	3					9

Puzzle #32 - Hard

3		8			5		7	2
		6		7		3		
	4				3	8		
					9			1
5		1				2		7
4			2					
		9	5				6	
		4		1		9		
7	6		4			1		3

Puzzle #33 - Hard

	2		1					
		7			4	3		6
				2	6	5		1
9	8						1	
	3	1				2	8	
	6						3	7
6		4	8	9				
3		8	6			4		
					7		6	

Puzzle #34 - Hard

		8		4	2	7	1	
	7				5			
		3	7				9	
8		4		2			6	
	6						7	
	1			9		2		8
	8				1	3		
			5				2	
	2	9	6	3		1		

Puzzle #35 - Hard

3				9				4
	8				2	3		
		9		4	8		7	
	5	1					4	
8	4			1			3	2
	2					1	5	
	3		7	8		6		
		8	5				2	
6				2				7

Puzzle #36 - Hard

9		6					3	
		4			1			
3		7			5	8	2	
				6			4	
1		3	8		4	6		2
	4			5				
	3	1	5			2		7
			2			5		
	7					4		1

Puzzle #37 - Hard

		3		2	5		7	
5				3				
	2	4			6			8
6	3		5				2	
9								5
	5				9		6	7
7			2			1	8	
				9				2
	4		1	5		7		

Puzzle #38 - Hard

	2	4						
3			2					8
			1	3		2	7	4
8			4			3		1
	4						9	
5		2			9			6
6	5	9		2	3			
2					4			9
						5	6	

Puzzle #39 - Hard

1					8	5	3	
3		8						
4	7			1				
	8		6		9		5	
		3	4	8	5	2		
	5		1		3		8	
				6			7	2
						9		5
	3	7	2					1

Puzzle #40 - Hard

	1	3						
	6				9	4		
		9		1			8	
1	7			6	2			5
9			3		8			1
3			1	9			4	2
	9			3		1		
		7	2				9	
						5	2	

Puzzle #41 - Hard

6					1		3	
				9	5			6
	1		2		6			
1	7	6						5
	5	4		6		9	1	
9						7	6	2
			1		3		8	
8			6	5				
	2		4					3

Puzzle #42 - Hard

3		2	8	9	1			
	7				6			9
9								
		6	3	5	4			7
7				8				4
5			1	2	7	6		
								3
4			5				2	
			7	4	3	5		1

Puzzle #43 - Hard

1			7				4	
	5	4		1		6		
		8	9			7		
	1		3	6				
	6		4		1		8	
				9	7		3	
		1			3	2		
		9		7		8	5	
	8				9			4

Puzzle #44 - Hard

	9			8	3	5		6
			1		2	4	9	
					9			1
				6			4	2
		8		7		9		
9	6			3				
8			4					
	2	9	3		7			
6		4	8	2			3	

Puzzle #45 - Hard

			7	6				9
		1				7	3	
	7	2			3	4		
	2		1					6
	6	5		9		2	7	
9					6		5	
		4	6			3	9	
	5	6				1		
7				4	1			

Puzzle #46 - Hard

	2			3	1	5		7
7	1				8		2	
				2	7			
		2				8	5	
	8						6	
	5	9				2		
			3	9				
	9		8				1	3
5		8	1	7			9	

Puzzle #47 - Hard

	4		7	5		1		
					4		6	7
2				8	3			
	1	3						9
9	5						8	2
6						3	1	
			5	1				6
7	9		8					
		2		4	9		5	

Puzzle #48 - Hard

2		9	6			4		
7							5	6
	5			9			2	
				7	9			1
9	8						3	2
1			8	2				
	7			4			1	
5	3							4
		4			1	2		8

Puzzle #49 - Hard

				5				8
					4	7		
	5	8	7	9		2		1
	9			3	7			
1		7				6		3
			8	6			7	
7		1		4	8	3	2	
		2	5					
5				7				

Puzzle #50 - Hard

					2	8		4
	9			1				5
	1	8	7	5				
	3		6					7
	7	4				1	8	
6					1		3	
				4	5	7	2	
7				6			4	
1		3	2					

Puzzle #51 - Hard

	7			9	3			8
8					7			
3			8	2			7	
5		7				9		3
		2				5		
4		9				1		2
	5			1	9			4
			3					1
2			7	8			5	

Puzzle #52 - Hard

	2							7
6				3	2	5		
	5		4	8				
4			2	1		7		
1	3						9	8
		2		9	5			6
				2	4		7	
		9	1	6				4
3							6	

Puzzle #53 - Hard

3		9		2			8	
		7	8		6			
	5		9	3			7	
	7		5	9			2	
	8			7	1		6	
	2			4	9		1	
			1		7	4		
	9			5		8		7

Puzzle #54 - Hard

	6				9	4	7	
			8	7				3
9					5	8		
		9	3		7		4	
	8						3	
	5		4		2	7		
		2	5					6
6				2	8			
	9	8	7				5	

Puzzle #55 - Hard

				5			3	
5		3						
9	2			1	6	4		
1	4	6	9					2
	9						4	
3					7	8	9	6
		4	2	7			1	3
						5		4
	1			9				

Puzzle #56 - Hard

		7	8	2	6	5		
		4					9	
	2	8		4				6
	7	5	9	6				
				7	8	9	2	
3				1		7	8	
	8					4		
		6	7	8	5	2		

Puzzle #57 - Hard

1				3		9	7	
			2					
	8	7			1	5		4
8		1					6	
		4	7		2	1		
	3					4		8
6		3	1			8	4	
					6			
	1	8		9				6

Puzzle #58 - Hard

		4			7	2		
9	1			5				
			6				1	9
		3					4	1
7		5	1		3	8		6
1	2					7		
3	5				9			
				8			3	2
		8	3			9		

Puzzle #59 - Hard

9				2	7			8
			6		1	9	7	
							1	2
					4	1	2	
3	5						4	6
	1	2	7					
8	9							
	2	6	4		5			
7			1	9				5

Puzzle #60 - Hard

	4		8			9		
		2	6	5				4
6	1		4					5
		8	9				3	
			7	2	8			
	5				3	8		
5					1		9	6
9				8	4	1		
		1			6		4	

Puzzle #61 - Hard

5			2		7	3		
8		1					2	4
	2		8			6		
				5				7
1			9		8			3
3				7				
		2			4		3	
7	3					4		2
		9	3		2			6

Puzzle #62 - Hard

		8						2
4		3					5	
7			5		1	8		
6		2	9	4	3			
9								3
			6	1	8	2		9
		5	3		6			1
	9					5		8
2						7		

Puzzle #63 - Hard

	6		3					
		2		7				5
5				8		1	2	
	5	4	6	3			1	
2				9				3
	1			4	2	7	6	
	9	5		1				4
8				6		2		
					3		8	

Puzzle #64 - Hard

	7		4				3	
			2	8		7		
4	9		6		7	2		1
		1			5			
	2			7			9	
			1			8		
3		2	7		6		1	9
		7		1	2			
	4				8		2	

Puzzle #65 - Hard

		3				2		
	1			3			8	7
8		7	6					
	3		7	9				2
	7		1		2		9	
4				8	5		1	
					3	4		9
3	2			6			7	
		9				1		

Puzzle #66 - Hard

9								
	3	2	5		4			
	8	5				2	3	1
	1				2	8		
6	5						1	2
		7	9				5	
8	6	4				3	7	
			4		6	1	2	
								6

Puzzle #67 - Hard

			5			3		
9		1					5	7
6	5				9	1		
				8	7		2	
4			3		2			9
	7		9	4				
		4	6				1	3
2	3					9		8
		6			3			

Puzzle #68 - Hard

6			2					4
		3		6			7	
	4		8	1				
8						4		7
	6	4	3		8	9	1	
3		7						6
				4	5		2	
	7			3		5		
5					6			1

Puzzle #69 - Hard

		4		6		8	1	5
7	5							9
		1			5	6		
				1	8	3		7
4		3	6	9				
		5	8			4		
8							5	2
6	4	2		3		7		

Puzzle #70 - Hard

	8							7
		2		6	8			
3		7				4	8	
			4		6	7	1	
8	6						4	2
	7	1	3		9			
	1	8				3		4
			2	3		8		
7							9	

Puzzle #71 - Hard

1	9				5	3		4
6		4	1		2			
5		8						
9	7				4	6		
		6	2				3	7
						7		5
			5		6	4		3
4		9	7				1	6

Puzzle #72 - Hard

			6	2	8			
						8		6
		9			3	4	2	
1	7			8			5	
	2	3				1	8	
	9			1			6	7
	1	2	9			6		
9		5						
			1	5	2			

Puzzle #73 - Hard

2			5		6		3	
6		8	4		2	5		
					3		6	
		9					7	6
4								5
7	1					9		
	2		8					
		1	9		5	6		4
	4		2		1			9

Puzzle #74 - Hard

	3	5	1		2		6	
	8	7						
6					8	9		
5				4	3			
		8	5		1	7		
			2	8				5
		3	7					1
						6	5	
	6		8		5	4	7	

Puzzle #75 - Hard

		5				9	8	
3		7		6	9			4
	2			4				6
7		2			1			
		9				7		
			7			4		3
2				7			4	
1			6	5		2		9
	7	4				3		

Puzzle #76 - Hard

		4		2				6
6			1					9
		9			7	2		
	1	5	6		4			2
			5	1	3			
7			2		8	3	1	
		3	7			9		
9					2			7
2				8		4		

Puzzle #77 - Hard

	2	4			7	6	5	
8				5			9	
		5						2
			2	8		5		
5			7		9			4
		3		6	4			
2						1		
	1			4				5
	5	7	6			4	8	

Puzzle #78 - Hard

			7					
9	7			6	5			2
				9	8		3	
		4	6		7		9	5
	1						7	
7	2		5		4	6		
	8		3	7				
1			2	5			8	3
					6			

Puzzle #79 - Hard

			2	9				3
	8		7				2	
9						7	1	
			9		7		3	4
		3	5		2	9		
7	9		4		3			
	1	6						7
	3				5		9	
8				2	6			

Puzzle #80 - Hard

				2				1
	9						4	
		7	5			6		3
3		5	1			4		7
4		2				9		8
7		9			8	5		2
8		3			5	1		
	7						5	
2				6				

Puzzle #81 - Hard

7				4	2			6
2	4				9	7		1
1			6		8	3		
					4			
	6			9			5	
			3					
		7	4		3			9
4		2	9				7	3
6			2	1				5

Puzzle #82 - Hard

	6		5	1				4
		5	4					7
	1			7	2	8		
	4					3		9
	5						2	
2		3					7	
		6	1	9			5	
1					7	6		
5				8	3		4	

Puzzle #83 - Hard

	2		8		9	7		
4				3			2	
						6		8
		4	3		7	9		
	3		9		5		7	
		9	2		4	3		
6		5						
	4			9				3
		3	7		6		1	

Puzzle #84 - Hard

		8		7	1	9		
4	7				3		5	8
			8					
8				3	4		2	
		4		6		5		
	2		7	9				3
					2			
2	9		4				3	1
		5	3	1		2		

Puzzle #85 - Hard

4		1						2
3					7			1
		6	1	2	4			
1			7			4		
2		5		6		3		9
		4			2			7
			8	4	3	2		
5			9					8
8						6		4

Puzzle #86 - Hard

	2				3	9		
			9	4		8	2	
5			7		8	6		
		3						7
2			4		1			9
4						1		
		2	5		7			8
	1	6		9	4			
		5	2				9	

Puzzle #87 - Hard

						9		
5				4	3			
		1	2	5	8		4	
9			8	2			1	
7		6				2		9
	1			9	7			5
	4		3	7	2	8		
			5	8				4
		7						

Puzzle #88 - Hard

3		9	7			8		
	6				2			
		8		1			9	7
		3	5	2			7	
4								1
	7			9	4	3		
9	5			6		1		
			2				6	
		6			1	4		9

Puzzle #89 - Hard

6					1			
2			6		9	5		
	3				2		9	4
		7			3			9
8	9						7	3
3			9			1		
9	5		1				4	
		1	3		4			6
			2					5

Puzzle #90 - Hard

7		1			9		3	
	2		7				6	5
				4				
		8			1		9	6
	9		3		8		4	
1	3		9			7		
				8				
3	1				6		7	
	8		5			4		9

Puzzle #91 - Hard

		4	3					
6			1			7	4	3
	3				2	8	5	
7				4				
	1	9				2	6	
				1				9
	2	1	7				9	
9	7	6			1			4
					6	1		

Puzzle #92 - Hard

	2	7				4	6	
6	5							9
				7	6	3		5
		6			8			7
2								8
7			1			5		
1		8	2	3				
4							8	2
	6	2				7	5	

Puzzle #93 - Hard

	7		1	3		8		
	1			7	8			6
		6					3	
	5				1			2
9	3						7	1
2			7				8	
	9					5		
8			6	1			2	
		3		9	5		1	

Puzzle #94 - Hard

			3					4
		9				6	5	3
	2			5	4		1	
	9		5	2				7
			1		7			
1				8	6		3	
	8		6	3			4	
2	5	6				3		
9					1			

Puzzle #95 - Hard

	1						8	4
		7	4					
4		3			6			5
8				6			1	
1		9	8		3	5		6
	5			1				8
3			9			6		7
					4	2		
5	9						4	

Puzzle #96 - Hard

4			3					9
6		9	2		5	4		1
							6	
	6	1			4	8		2
8		2	6			5	9	
	7							
5		4	9		1	7		8
1					2			6

Puzzle #97 - Hard

3				5				7
		9	2					
	8		3	4		6		
5						7	9	3
	6		7		5		2	
4	3	7						1
		4		9	3		7	
					4	3		
6				2				5

Puzzle #98 - Hard

		3	6		2			8
						9	5	
	6				9	3	7	
					1	2		3
	2		9		3		6	
3		1	5					
	3	7	1				8	
	1	4						
6			2		5	1		

Puzzle #99 - Hard

		7		3	4	9	1	
			8	7				6
				1			7	
		6			1		8	9
	5						2	
9	8		7			3		
	7			4				
4				8	5			
	3	8	2	6		5		

Puzzle #100 - Hard

1			2	4			5	
8			1		9			
	6			5			7	
9			6	3				4
		4				8		
3				2	4			1
	9			8			1	
			3		5			9
	3			1	2			5

Puzzle #1 - Very Hard

7							9	
	6	2	3					
	5	9			1	6	2	
9					3			
2		6	1	7	9	5		8
			6					9
	7	8	2			9	5	
					4	8	1	
	2							6

Puzzle #2 - Very Hard

	1	9		2	4			6
8			1					3
					6			5
6		1			2		3	
3				6				8
	9		8			4		2
1			5					
9					7			1
4			6	1		3	5	

Puzzle #3 - Very Hard

2				8	4			1
		6		9				
			1		7			6
4		7			8			
	6	2	3		9	5	8	
			7			4		2
9			4		6			
				5		3		
6			8	3				9

Puzzle #4 - Very Hard

	9			8	3	5		6
			1		2	4	9	
					9			1
				6			4	2
		8		7		9		
9	6			3				
8			4					
	2	9	3		7			
6		4	8	2			3	

Puzzle #5 - Very Hard

		1		6			5	
2	7							6
3			1			2	9	
6		2			7	3		
	4						2	
		7	8			4		1
	9	6			3			2
7							4	8
	2			5		6		

Puzzle #6 - Very Hard

	2		3			5	6	
5				4			2	
			2		5			
8				9			7	5
		9	5		3	8		
3	5			6				9
			7		6			
	8			2				7
	3	6			1		9	

Puzzle #7 - Very Hard

1		9			5	7		
	8				1		6	9
				7		4		
6			7	1		2		
	2						9	
		1		4	2			3
		3		5				
8	6		1				3	
		2	3			8		1

Puzzle #8 - Very Hard

	6					2		
9	4			6	5		7	3
	7	5	2			6		
		9	7	5				
				1	6	5		
		1			8	7	6	
8	2		5	9			3	1
		7					9	

Puzzle #9 - Very Hard

	9					6		
			6	3	4	5		
	8		1				3	
9	2		7			8	5	4
7	5	8			9		6	2
	6				7		9	
		9	2	8	6			
		7					2	

Puzzle #10 - Very Hard

6							1	
		7		4	6	9		
2	9		8			6	5	
	7					3		
	5		2		3		7	
		9					8	
	2	8			9		4	7
		4	7	1		8		
	6							3

Puzzle #11 - Very Hard

	6			3		5		
2		1				3		4
5			1		9			
	9		3	2				7
8				6				1
6				1	8		2	
			4		1			6
7		6				1		9
		8		9			7	

Puzzle #12 - Very Hard

		3				5		
2				8		4	9	3
8			5		3			
5		2		9			1	
		6				2		
	7			4		8		5
			8		4			7
7	4	9		3				8
		8				3		

Puzzle #13 - Very Hard

1	2			8		4		
8						6		
7			1		3			2
9		2		4			6	
			7		6			
	7			5		1		8
5			3		8			4
		8						6
		9		1			7	5

Puzzle #14 - Very Hard

8					3		2	
	3							5
	2	5	4		9		7	
	8	7	6		1			2
1			2		8	6	3	
	4		8		7	9	1	
3							6	
	9		3					8

Puzzle #15 - Very Hard

4	7		2			8		
3					9			4
			5		7	3		1
		5		2			8	
	9						6	
	8			9		1		
5		3	9		8			
7			4					8
		9			2		3	5

Puzzle #16 - Very Hard

1				5				
	2	6		7		8		
	5	4		1	6			
	8		4	3	5	9		
		5	1	6	7		2	
			7	4		1	5	
		1		2		4	6	
				9				3

Puzzle #17 - Very Hard

9	3					1	7	4
		6			8			9
7			3					
			8		3		9	5
		2				3		
3	8		9		2			
					1			3
2			6			9		
8	4	1					6	2

Puzzle #18 - Very Hard

4			7				5	9
	8	9		5		3		
						6		4
	1	3		8				6
	2			9			4	
9				6		1	3	
8		5						
		2		7		4	6	
3	6				9			8

Puzzle #19 - Very Hard

			7	8		9	1	2
			1		9	6		
						8	7	
		2			4			
4		3	9		7	2		6
			8			3		
	9	5						
		1	2		3			
3	2	8		5	1			

Puzzle #20 - Very Hard

6		8			3			
		3			7	9		
2	7	1		8				
9	5			6				
4	1						8	6
				7			2	9
				9		8	3	5
		5	8			6		
			7			4		2

Puzzle #21 - Very Hard

					7		5	
	3	7	5	8				
			4		1	2		
		2			8	5	9	
8			6		5			2
	7	5	2			1		
		8	1		9			
				5	3	4	6	
	4		8					

Puzzle #22 - Very Hard

	8				1	9		
		6						
1	2			9	5	8		7
		2		8			4	1
7				5				8
8	3			4		2		
5		8	2	7			1	9
						5		
		3	5				8	

Puzzle #23 - Very Hard

	6				4			
7			9				6	
3			1					
	5		2	8	3		4	9
1	4						8	3
2	8		4	9	1		5	
					2			4
	9				5			7
			8				1	

Puzzle #24 - Very Hard

	4		6	5	9		1	
		6				9	2	
5	9			3		4		
			4					
	5		3	1	2		4	
					8			
		1		2			7	8
	2	4				1		
	8		1	6	3		9	

Puzzle #25 - Very Hard

6			4			9		
	9		7		2			5
		8					4	
	7		1		8		2	6
			5		7			
8	4		9		6		7	
	2					1		
9			2		4		5	
		6			5			7

Puzzle #26 - Very Hard

			9					
	9		5	4		2		
		5	2			7	9	4
	6				9			8
		1	7		6	9		
9			1				6	
3	1	2			4	5		
		4		5	2		3	
					1			

Puzzle #27 - Very Hard

4			3					9
6		9	2		5	4		1
							6	
	6	1			4	8		2
8		2	6			5	9	
	7							
5		4	9		1	7		8
1					2			6

Puzzle #28 - Very Hard

4	7				8		9	
			4				3	
	3					4	5	8
9	2		8	6				
			1		4			
				9	3		2	6
8	9	2					6	
	6				5			
	1		6				7	4

Puzzle #29 - Very Hard

			6	1		9		
		5					8	
	1			8	2	5	3	
	7				4	3	5	
		2				7		
	8	6	3				4	
	2	3	8	4			7	
	5					8		
		8		3	6			

Puzzle #30 - Very Hard

				3	5			9
3	8		6	4	7	1		
			9			4		
2	4	8						
	1						7	
						6	2	8
		4			8			
		2	4	7	1		9	6
1			2	6				

Puzzle #31 - Very Hard

		6	3				2	
		4	2			8		6
9				5				
7				3	5			8
8		5				6		2
6			8	1				7
				8				5
2		1			3	7		
	5				9	3		

Puzzle #32 - Very Hard

5							2	
2	6				5	9		
9		1	2		8			5
			1	5			9	2
3	1			6	2			
6			4		9	5		3
		5	8				4	7
	8							9

Puzzle #33 - Very Hard

	6		2			7		
		2	8		7	1		
		9	5	4			2	
6								4
	3	1				9	6	
8								1
	5			8	4	2		
		8	7		3	4		
		3			5		1	

Puzzle #34 - Very Hard

	1		4				9	7
4		3	6					8
			8		9		1	3
		9			6		4	
	8		9			3		
9	6		5		2			
7					8	9		5
5	3				7		6	

Puzzle #35 - Very Hard

3			4				7	
8	4					2		6
				7	9			3
	7	8			5		4	
		5				6		
	2		1			7	5	
7			3	6				
9		6					1	7
	5				7			4

Puzzle #36 - Very Hard

	3	7			4			
	1		5	7		3		
		8	3				1	4
			6			8		
3	7			5			2	6
		2			3			
7	4				6	1		
		1		8	5		4	
			4			6	5	

Puzzle #37 - Very Hard

6	9							7
4			9	3		6		
5		2			7		1	
		9				2		1
	1			7			8	
8		5				7		
	5		8			4		6
		3		2	4			8
9							5	2

Puzzle #38 - Very Hard

9		7	5		3			
		2	9	7	6			3
						2		
	6	5					2	
1		9				7		4
	7					6	1	
		1						
3			2	9	7	1		
			8		1	4		2

Puzzle #39 - Very Hard

	1			8	9	5		6
5					2	3		
6			5					
			2		6	8	5	
	2						9	
	8	5	4		1			
					7			4
		4	9					8
2		1	3	4			6	

Puzzle #40 - Very Hard

5	8		7		1		6	
3		4						5
1								
7			3		5			
	5	1	2		8	6	9	
			1		4			8
								6
6						8		4
	1		8		6		7	9

Puzzle #41 - Very Hard

			3					
8	4		2	9	7			
	3	5		4			7	
4		8					5	
		7	9		1	8		
	6					7		2
	7			2		1	6	
			4	8	3		9	7
					6			

Puzzle #42 - Very Hard

			9	3		5		
4	5		6				8	9
					8	2		
				9			6	7
	1		2		6		9	
9	8			7				
		4	7					
8	7				5		2	4
		9		4	1			

Puzzle #43 - Very Hard

		2	4					7
		4			8		6	
6			7		5		3	
	6		1	7			5	4
7	1			3	4		9	
	2		3		7			9
	3		9			6		
4					2	7		

Puzzle #44 - Very Hard

1			3			9		
	9	2		5		4	6	
	4				9			
	3		6					
7	6		8	9	1		2	4
					3		9	
			4				3	
	2	4		3		1	5	
		1			5			6

Puzzle #45 - Very Hard

		5			8			
8			6	2		9		
	2	9	1					8
		6	7		9		3	
3								9
	8		2		5	1		
1					4	6	9	
		8		1	2			7
			3			5		

Puzzle #46 - Very Hard

							9	3
		7	6				8	
	8	6			3	2	1	7
4				1		5	7	
				6				
	7	5		3				1
6	4	8	1			3	5	
	5				4	7		
7	9							

Puzzle #47 - Very Hard

			4	2				
	7		1				8	6
	5			8	7	3		
		6	7	4		5		
	9						3	
		4		5	1	6		
		9	5	7			1	
2	1				4		7	
				1	3			

Puzzle #48 - Very Hard

7		5			2	9		
	3		6					
6				3	7		8	
	2				5		3	
3			7		8			1
	5		1				2	
	8		2	7				6
					4		7	
		1	3			5		8

Puzzle #49 - Very Hard

			4		6		9	
8	9					3		
	6				7	2		
	1		7				6	9
		4	9		8	7		
9	7				4		3	
		9	8				1	
		3					2	4
	4		2		9			

Puzzle #50 - Very Hard

		5		3		4		
3			9	5		2		
8				2				3
5		9	3			1	7	
	3	8			9	5		4
9				8				1
		2		9	6			8
		3		7		6		

Puzzle #51 - Very Hard

	3			5		4		
6	7		4				5	
				3	9			
		6	2	8			4	1
		5				2		
8	2			6	4	9		
			1	4				
	1				8		9	7
		7		9			2	

Puzzle #52 - Very Hard

5					1		3	
		6		7		4	1	
		3		8		5		7
		4			3		5	
			9		7			
	5		1			7		
3		1		9		8		
	2	5		1		3		
	7		2					5

Puzzle #53 - Very Hard

		1	7					
		4		8	6		5	
				9				7
9					5	7	3	
2	5	3				6	8	4
	6	7	8					5
3				5				
	7		6	4		1		
					9	5		

Puzzle #54 - Very Hard

			8					1
	8	2	1		4		6	
1		5			2			
7	3					5		
		6	5		1	8		
		8					9	2
			7			1		6
	4		3		5	7	8	
8					9			

Puzzle #55 - Very Hard

			4					
5					8			6
4				5		7	3	9
				9	4		2	8
	4		2		5		6	
3	2		8	1				
7	3	1		2				5
8			5					7
					1			

Puzzle #56 - Very Hard

		5	1				6	
					6			2
	2		4	5			3	
				4	3	1	8	
3		8				7		6
	9	6	2	8				
	5			6	4		9	
7			3					
	6				5	4		

Puzzle #57 - Very Hard

4			7		3	2		
	7			4		8		
				2			4	
5				8	7	1		6
8								9
1		6	4	3				8
	1			7				
		9		5			6	
		5	6		1			4

Puzzle #58 - Very Hard

	4							6
	9		7		4		5	
		5					4	3
				8	9	5		7
	8		5		7		6	
6		7	1	4				
2	7					8		
	3		9		1		7	
4							2	

Puzzle #59 - Very Hard

4					9			1
				7	6		8	
7				8	1	6		5
					7	3		8
	5						2	
1		8	6					
2		3	8	9				7
	4		7	6				
6			1					9

Puzzle #60 - Very Hard

								5
				2	9	7		4
				3		6	8	
4	5		1			2		3
1		9				4		6
7		6			4		5	8
	1	5		8				
8		7	4	1				
9								

Puzzle #61 - Very Hard

5		2		9			8	7
			2	8		6		
		1		4			5	
		4						2
	1		4		3		6	
3						7		
	9			3		1		
		5		2	9			
8	2			5		9		4

Puzzle #62 - Very Hard

	2	3	6		5	1		
			8					
7	4	6	9					5
2	9							4
		5				8		
6							7	1
3					6	4	1	7
					7			
		2	3		1	9	6	

Puzzle #63 - Very Hard

	5			2				3
			1			7	5	
	2				7	9		6
4		8			6		3	5
9	6		3			4		7
5		7	4				2	
	8	6			1			
3				5			7	

Puzzle #64 - Very Hard

6		1				5	4	
				1	8	9		7
			7		6			
	2	8				4	3	
	3						7	
	6	5				2	8	
			6		5			
5		6	2	3				
	9	3				6		2

Puzzle #65 - Very Hard

	1		4	2			7	
		8		1				
4	3		6				9	
1		5						4
	9	4				2	1	
7						9		3
	5				4		2	8
				8		4		
	4			3	1		5	

Puzzle #66 - Very Hard

	5	1			7		3	
6		7						
					1		5	6
1		5			9			7
2	7						9	4
4			5			3		1
5	4		1					
						8		5
	6		3			9	1	

Puzzle #67 - Very Hard

		3		7	1	5	8	
	2		9					7
8							2	
2				3			5	
	3		6		9		4	
	8			2				3
	5							6
3					4		1	
	4	8	3	9		2		

Puzzle #68 - Very Hard

		8	9	6				
	5	6				3		
9		7					5	6
	8	2	7					1
	9						4	
4					1	6	9	
1	2					7		4
		4				9	2	
				9	2	1		

Puzzle #69 - Very Hard

		3		5	7	2		
		1		4	2	6		
	2	7	8				4	
				7				
7			6		9			4
				1				
	5				8	7	1	
		6	1	9		3		
		8	7	3		4		

Puzzle #70 - Very Hard

			3		2	7		
							8	
	1	5	7	9	6		2	
	4	3				2	1	
9								7
	2	8				4	9	
	7		8	2	3	1	6	
	8							
		6	4		1			

Puzzle #71 - Very Hard

	2		9				4	7
	1						8	
		7	4	8		3		
	9	6	2				3	
1								8
	8				5	4	1	
		1		2	4	9		
	7						5	
3	4				9		6	

Puzzle #72 - Very Hard

			9	3		5		
4	5		6				8	9
					8	2		
				9			6	7
	1		2		6		9	
9	8			7				
		4	7					
8	7				5		2	4
		9		4	1			

Puzzle #73 - Very Hard

	5				1			
	4	9	7					
2		1		5				6
	1	3				4	5	
	2		1	4	7		8	
	9	7				6	2	
9				1		7		5
					2	8	3	
			3				6	

Puzzle #74 - Very Hard

3			5			9		
	6	8		1				
	2				9		6	
	5		6	2	8			
	1	3		4		8	7	
			3	7	1		5	
	3		8				1	
				5		6	8	
		9			2			7

Puzzle #75 - Very Hard

	8					7		5
		6			3		4	
		1	7			3		
	5				1		3	9
1	9			2			5	8
6	3		5				7	
		9			2	5		
	1		9			4		
2		3					6	

Puzzle #76 - Very Hard

				3		4		
			4		1	9		6
9	4		5	6				7
	6			9			2	
3				1				9
	5			4			8	
1				5	4		6	3
5		4	9		6			
		6		7				

Puzzle #77 - Very Hard

5			6				7	
				3	2			6
	8		1				5	
6	4		3		8			2
	2			4			3	
3			7		1		4	5
	6				9		2	
9			2	1				
	5				3			7

Puzzle #78 - Very Hard

			6	9		5	1	
1	5		2					
7	6		5	4		2		
		6		1				
4								9
				7		3		
		3		2	5		6	8
					4		3	2
	8	1		6	3			

Puzzle #79 - Very Hard

		3		8				
	9		2				4	
	6	2		9		8		1
					9	4		
4	8		5		6		3	9
		9	8					
3		6		1		5	7	
	7				2		6	
				3		9		

Puzzle #80 - Very Hard

		5	6				3	4
			8		3			7
	3	4					1	9
4							5	
		6	1		2	7		
	2							3
1	5					4	7	
7			2		4			
9	4				1	3		

Puzzle #81 - Very Hard

2							8	
	3				2	1		7
	1	8		7		6		
8			4			9		1
9								4
1		2			3			8
		9		4		7	1	
7		4	3				5	
	5							6

Puzzle #82 - Very Hard

	2		4					5
4		8		3		9	1	7
9	7							
8			7	1			5	
	9			6	4			3
							8	1
6	4	9		7		5		2
5					2		9	

Puzzle #83 - Very Hard

	3		7					
8		1					7	
		7	8		5	3	4	
		3			7			
	2	5	3		8	4	9	
			2			8		
	7	9	6		4	5		
	5					6		9
					3		2	

Puzzle #84 - Very Hard

	4	9	6			8		
1	5				8			3
2		8	3				1	
6				7				
	1						7	
				5				1
	6				4	1		2
7			5				9	6
		2			1	3	5	

Puzzle #85 - Very Hard

9					5	2		
		2					1	9
8	1			7				
	6		4	5	9			
		3	7	8	1	9		
			2	6	3		5	
				3			7	6
6	4					8		
		8	1					5

Puzzle #86 - Very Hard

1		9					3	6
					3		2	
			6			8		
2	3			6	7	5		
6			8	5	1			2
		5	3	2			6	8
		2			5			
	6		9					
9	4					1		5

Puzzle #87 - Very Hard

				1	4		6	7
				9	6		1	
			8		2	3		
	3					7		4
8	7						2	6
5		2					3	
		5	4		3			
	8		2	7				
3	2		1	6				

Puzzle #88 - Very Hard

8		1		6	4			2
	5	2					7	
		9		8				6
9	2	7						1
				9				
3						7	8	9
1				4		8		
	9					2	6	
2			6	7		3		4

Puzzle #89 - Very Hard

6								
	8			1		3	7	
5		7		3	4	6	1	
		5				4		
	7		5		2		6	
		2				7		
	5	4	9	6		1		3
	9	1		8			4	
								7

Puzzle #90 - Very Hard

			4			5		
	4		6	5			2	1
5		2		8			9	
2						7		6
	9						5	
3		5						2
	3			6		2		4
1	2			9	3		8	
		8			4			

Puzzle #91 - Very Hard

		9		5	8		7	
							6	8
			3		7	1		
				1		8		5
8	9		5		4		1	3
1		5		3				
		1	9		2			
3	4							
	5		4	7		2		

Puzzle #92 - Very Hard

4	8	6		7	1			
			4	3				6
	3			6	9	5		
3	6							
		2				8		
							9	4
		3	1	2			8	
1				5	3			
			8	9		7	1	3

Puzzle #93 - Very Hard

7			3	6				
8		1					3	
	3			4	8			
		8	6		2		5	
		7	9		1	8		
	6		8		4	7		
			5	2			6	
	2					5		7
				1	6			4

Puzzle #94 - Very Hard

	4	7	5					9
	8					5		
	5				4		8	
		5		9	3	8		2
		8				6		
3		6	7	2		4		
	6		9				2	
		1					4	
8					1	9	6	

Puzzle #95 - Very Hard

9			6					
4	6			5	3			9
				9				
		3	9		5	1		
6	1	9				2	5	7
		7	1		2	3		
				2				
7			3	4			6	2
					8			3

Puzzle #96 - Very Hard

					9	8	4	
			1				5	2
		3		4	7	9		
4	7			9			3	
		5				2		
	6			1			8	7
		7	4	6		3		
2	8				1			
	1	4	9					

Puzzle #97 - Very Hard

		5			6			
	4		2				3	1
	3		1					4
2	1	6	8				5	
	9						7	
	8				9	3	1	6
8					3		4	
7	6				2		9	
			7			6		

Puzzle #98 - Very Hard

	1				2	4		5
		2	9				3	
	5	3		1				8
			2	4				9
4								2
5				9	1			
2				3		5	8	
	8				9	2		
6		5	7				4	

Puzzle #99 - Very Hard

							6	
	5	8				1	2	4
6		1	4		5	3		
		4		1	8			2
				2				
8			5	7		4		
		5	7		3	2		8
7	3	9				5	1	
	8							

Puzzle #100 - Very Hard

	8	1	5				2	
			6	4			1	5
4								
	4	2	1		8			3
	3						6	
8			3		4	1	5	
								6
6	5			3	9			
	1				6	2	3	

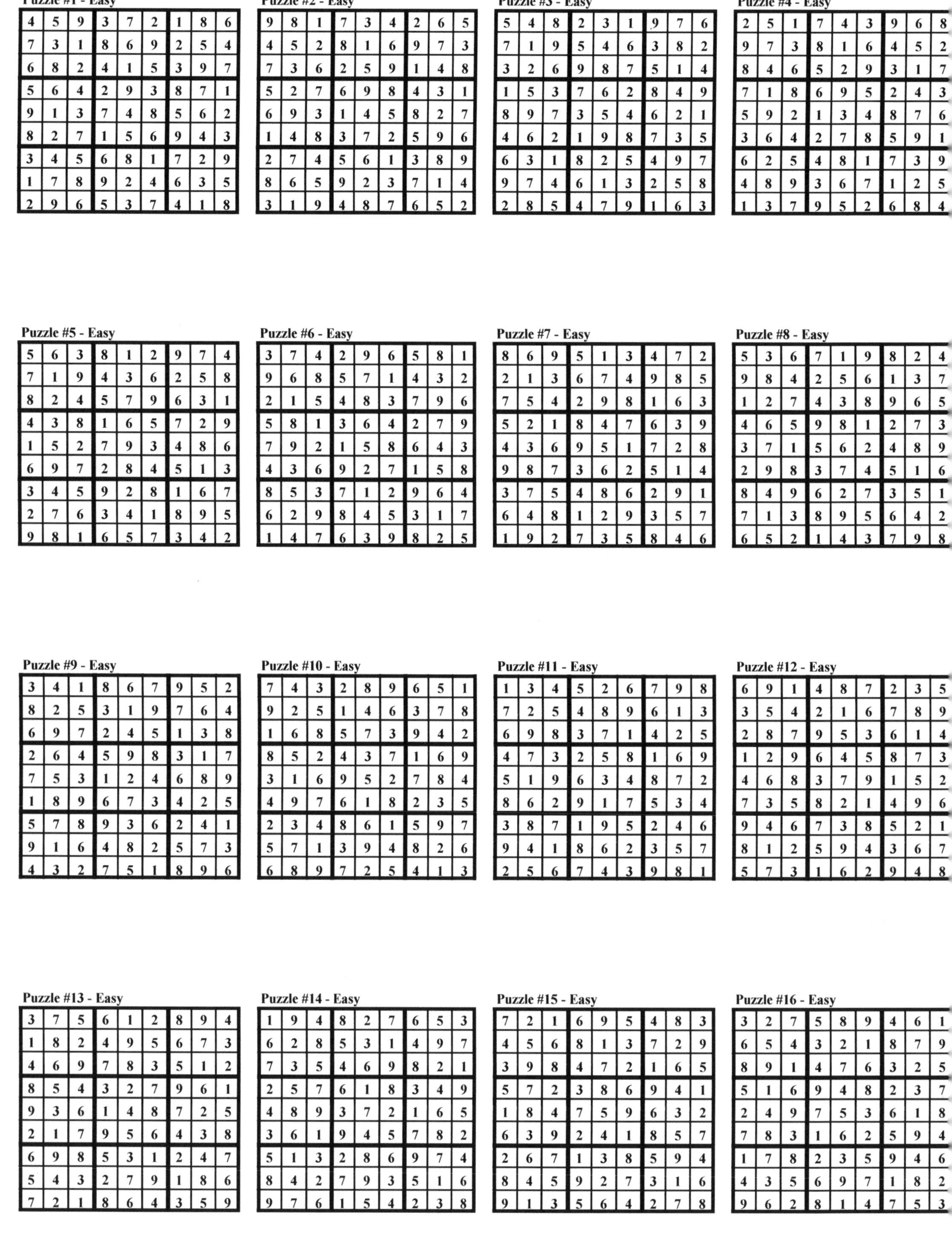

Puzzle #1 - Easy

4	5	9	3	7	2	1	8	6
7	3	1	8	6	9	2	5	4
6	8	2	4	1	5	3	9	7
5	6	4	2	9	3	8	7	1
9	1	3	7	4	8	5	6	2
8	2	7	1	5	6	9	4	3
3	4	5	6	8	1	7	2	9
1	7	8	9	2	4	6	3	5
2	9	6	5	3	7	4	1	8

Puzzle #2 - Easy

9	8	1	7	3	4	2	6	5
4	5	2	8	1	6	9	7	3
7	3	6	2	5	9	1	4	8
5	2	7	6	9	8	4	3	1
6	9	3	1	4	5	8	2	7
1	4	8	3	7	2	5	9	6
2	7	4	5	6	1	3	8	9
8	6	5	9	2	3	7	1	4
3	1	9	4	8	7	6	5	2

Puzzle #3 - Easy

5	4	8	2	3	1	9	7	6
7	1	9	5	4	6	3	8	2
3	2	6	9	8	7	5	1	4
1	5	3	7	6	2	8	4	9
8	9	7	3	5	4	6	2	1
4	6	2	1	9	8	7	3	5
6	3	1	8	2	5	4	9	7
9	7	4	6	1	3	2	5	8
2	8	5	4	7	9	1	6	3

Puzzle #4 - Easy

2	5	1	7	4	3	9	6	8
9	7	3	8	1	6	4	5	2
8	4	6	5	2	9	3	1	7
7	1	8	6	9	5	2	4	3
5	9	2	1	3	4	8	7	6
3	6	4	2	7	8	5	9	1
6	2	5	4	8	1	7	3	9
4	8	9	3	6	7	1	2	5
1	3	7	9	5	2	6	8	4

Puzzle #5 - Easy

5	6	3	8	1	2	9	7	4
7	1	9	4	3	6	2	5	8
8	2	4	5	7	9	6	3	1
4	3	8	1	6	5	7	2	9
1	5	2	7	9	3	4	8	6
6	9	7	2	8	4	5	1	3
3	4	5	9	2	8	1	6	7
2	7	6	3	4	1	8	9	5
9	8	1	6	5	7	3	4	2

Puzzle #6 - Easy

3	7	4	2	9	6	5	8	1
9	6	8	5	7	1	4	3	2
2	1	5	4	8	3	7	9	6
5	8	1	3	6	4	2	7	9
7	9	2	1	5	8	6	4	3
4	3	6	9	2	7	1	5	8
8	5	3	7	1	2	9	6	4
6	2	9	8	4	5	3	1	7
1	4	7	6	3	9	8	2	5

Puzzle #7 - Easy

8	6	9	5	1	3	4	7	2
2	1	3	6	7	4	9	8	5
7	5	4	2	9	8	1	6	3
5	2	1	8	4	7	6	3	9
4	3	6	9	5	1	7	2	8
9	8	7	3	6	2	5	1	4
3	7	5	4	8	6	2	9	1
6	4	8	1	2	9	3	5	7
1	9	2	7	3	5	8	4	6

Puzzle #8 - Easy

5	3	6	7	1	9	8	2	4
9	8	4	2	5	6	1	3	7
1	2	7	4	3	8	9	6	5
4	6	5	9	8	1	2	7	3
3	7	1	5	6	2	4	8	9
2	9	8	3	7	4	5	1	6
8	4	9	6	2	7	3	5	1
7	1	3	8	9	5	6	4	2
6	5	2	1	4	3	7	9	8

Puzzle #9 - Easy

3	4	1	8	6	7	9	5	2
8	2	5	3	1	9	7	6	4
6	9	7	2	4	5	1	3	8
2	6	4	5	9	8	3	1	7
7	5	3	1	2	4	6	8	9
1	8	9	6	7	3	4	2	5
5	7	8	9	3	6	2	4	1
9	1	6	4	8	2	5	7	3
4	3	2	7	5	1	8	9	6

Puzzle #10 - Easy

7	4	3	2	8	9	6	5	1
9	2	5	1	4	6	3	7	8
1	6	8	5	7	3	9	4	2
8	5	2	4	3	7	1	6	9
3	1	6	9	5	2	7	8	4
4	9	7	6	1	8	2	3	5
2	3	4	8	6	1	5	9	7
5	7	1	3	9	4	8	2	6
6	8	9	7	2	5	4	1	3

Puzzle #11 - Easy

1	3	4	5	2	6	7	9	8
7	2	5	4	8	9	6	1	3
6	9	8	3	7	1	4	2	5
4	7	3	2	5	8	1	6	9
5	1	9	6	3	4	8	7	2
8	6	2	9	1	7	5	3	4
3	8	7	1	9	5	2	4	6
9	4	1	8	6	2	3	5	7
2	5	6	7	4	3	9	8	1

Puzzle #12 - Easy

6	9	1	4	8	7	2	3	5
3	5	4	2	1	6	7	8	9
2	8	7	9	5	3	6	1	4
1	2	9	6	4	5	8	7	3
4	6	8	3	7	9	1	5	2
7	3	5	8	2	1	4	9	6
9	4	6	7	3	8	5	2	1
8	1	2	5	9	4	3	6	7
5	7	3	1	6	2	9	4	8

Puzzle #13 - Easy

3	7	5	6	1	2	8	9	4
1	8	2	4	9	5	6	7	3
4	6	9	7	8	3	5	1	2
8	5	4	3	2	7	9	6	1
9	3	6	1	4	8	7	2	5
2	1	7	9	5	6	4	3	8
6	9	8	5	3	1	2	4	7
5	4	3	2	7	9	1	8	6
7	2	1	8	6	4	3	5	9

Puzzle #14 - Easy

1	9	4	8	2	7	6	5	3
6	2	8	5	3	1	4	9	7
7	3	5	4	6	9	8	2	1
2	5	7	6	1	8	3	4	9
4	8	9	3	7	2	1	6	5
3	6	1	9	4	5	7	8	2
5	1	3	2	8	6	9	7	4
8	4	2	7	9	3	5	1	6
9	7	6	1	5	4	2	3	8

Puzzle #15 - Easy

7	2	1	6	9	5	4	8	3
4	5	6	8	1	3	7	2	9
3	9	8	4	7	2	1	6	5
5	7	2	3	8	6	9	4	1
1	8	4	7	5	9	6	3	2
6	3	9	2	4	1	8	5	7
2	6	7	1	3	8	5	9	4
8	4	5	9	2	7	3	1	6
9	1	3	5	6	4	2	7	8

Puzzle #16 - Easy

3	2	7	5	8	9	4	6	1
6	5	4	3	2	1	8	7	9
8	9	1	4	7	6	3	2	5
5	1	6	9	4	8	2	3	7
2	4	9	7	5	3	6	1	8
7	8	3	1	6	2	5	9	4
1	7	8	2	3	5	9	4	6
4	3	5	6	9	7	1	8	2
9	6	2	8	1	4	7	5	3

Puzzle #17 - Easy

7	3	8	5	2	9	6	4	1
5	4	1	6	3	7	2	8	9
2	6	9	8	1	4	7	3	5
9	5	2	7	8	6	3	1	4
3	1	4	9	5	2	8	6	7
6	8	7	1	4	3	5	9	2
8	2	5	4	6	1	9	7	3
4	7	6	3	9	5	1	2	8
1	9	3	2	7	8	4	5	6

Puzzle #18 - Easy

6	2	7	3	4	5	1	8	9
9	4	8	6	1	7	5	3	2
3	1	5	8	2	9	7	4	6
4	7	2	1	9	8	6	5	3
8	6	1	5	3	2	9	7	4
5	3	9	4	7	6	2	1	8
2	9	4	7	5	3	8	6	1
1	5	6	9	8	4	3	2	7
7	8	3	2	6	1	4	9	5

Puzzle #19 - Easy

2	4	7	1	5	9	6	8	3
5	3	6	2	8	4	7	1	9
8	1	9	3	6	7	4	2	5
3	8	4	5	7	1	9	6	2
9	6	1	4	3	2	5	7	8
7	2	5	8	9	6	3	4	1
6	5	3	7	2	8	1	9	4
4	9	8	6	1	5	2	3	7
1	7	2	9	4	3	8	5	6

Puzzle #20 - Easy

9	2	4	5	6	7	8	1	3
5	1	7	3	9	8	6	2	4
3	6	8	4	2	1	5	7	9
1	9	6	7	3	4	2	5	8
8	3	5	6	1	2	4	9	7
4	7	2	8	5	9	1	3	6
2	8	3	9	4	5	7	6	1
6	4	1	2	7	3	9	8	5
7	5	9	1	8	6	3	4	2

Puzzle #21 - Easy

2	4	1	8	6	7	5	3	9
9	3	6	2	1	5	4	8	7
7	5	8	9	3	4	2	1	6
1	7	4	6	9	8	3	5	2
5	2	9	3	7	1	8	6	4
8	6	3	4	5	2	9	7	1
6	1	2	5	4	3	7	9	8
4	9	5	7	8	6	1	2	3
3	8	7	1	2	9	6	4	5

Puzzle #22 - Easy

1	3	4	5	7	6	2	9	8
8	9	5	2	1	3	6	4	7
2	6	7	9	4	8	5	3	1
4	2	9	8	5	1	3	7	6
6	7	8	3	2	4	1	5	9
3	5	1	6	9	7	4	8	2
5	8	3	1	6	9	7	2	4
7	1	2	4	8	5	9	6	3
9	4	6	7	3	2	8	1	5

Puzzle #23 - Easy

9	5	4	6	1	8	3	2	7
6	8	1	3	7	2	4	5	9
7	2	3	9	5	4	8	6	1
3	6	8	7	9	5	1	4	2
2	1	9	4	8	6	5	7	3
5	4	7	2	3	1	9	8	6
4	3	2	5	6	9	7	1	8
1	9	5	8	2	7	6	3	4
8	7	6	1	4	3	2	9	5

Puzzle #24 - Easy

4	3	9	1	6	8	2	7	5
2	6	8	5	9	7	3	1	4
5	1	7	3	2	4	8	9	6
3	8	4	9	1	2	5	6	7
7	5	2	4	8	6	1	3	9
1	9	6	7	5	3	4	8	2
6	7	1	8	4	5	9	2	3
8	2	5	6	3	9	7	4	1
9	4	3	2	7	1	6	5	8

Puzzle #25 - Easy

8	3	6	1	2	9	7	5	4
7	1	9	8	4	5	3	6	2
4	5	2	6	3	7	1	9	8
6	8	1	2	7	3	9	4	5
5	2	7	4	9	8	6	3	1
9	4	3	5	6	1	8	2	7
2	7	8	9	5	6	4	1	3
3	9	4	7	1	2	5	8	6
1	6	5	3	8	4	2	7	9

Puzzle #26 - Easy

1	9	4	7	3	6	8	2	5
6	7	8	2	4	5	3	9	1
3	5	2	1	9	8	4	7	6
7	4	9	3	5	1	6	8	2
8	6	5	9	2	7	1	3	4
2	1	3	8	6	4	7	5	9
4	3	7	5	1	9	2	6	8
9	8	6	4	7	2	5	1	3
5	2	1	6	8	3	9	4	7

Puzzle #27 - Easy

8	5	4	9	7	3	1	2	6
6	7	9	1	8	2	3	4	5
2	1	3	6	5	4	7	9	8
7	6	2	3	4	1	8	5	9
1	9	5	8	2	6	4	3	7
3	4	8	7	9	5	6	1	2
9	3	1	2	6	7	5	8	4
4	2	7	5	1	8	9	6	3
5	8	6	4	3	9	2	7	1

Puzzle #28 - Easy

8	5	3	2	7	6	9	1	4
9	4	2	8	1	5	3	7	6
1	7	6	9	4	3	8	5	2
6	2	7	5	3	9	4	8	1
5	3	9	1	8	4	2	6	7
4	8	1	7	6	2	5	3	9
7	9	8	4	5	1	6	2	3
3	1	4	6	2	8	7	9	5
2	6	5	3	9	7	1	4	8

Puzzle #29 - Easy

5	7	6	8	3	4	1	2	9
3	8	9	2	1	6	5	4	7
4	2	1	5	7	9	8	3	6
8	6	2	1	9	3	4	7	5
7	4	5	6	2	8	9	1	3
1	9	3	7	4	5	6	8	2
2	3	4	9	6	1	7	5	8
6	1	8	3	5	7	2	9	4
9	5	7	4	8	2	3	6	1

Puzzle #30 - Easy

9	5	4	3	2	6	1	8	7
7	2	6	1	5	8	3	4	9
3	8	1	4	7	9	5	6	2
8	9	3	5	1	4	7	2	6
6	1	2	8	3	7	9	5	4
4	7	5	9	6	2	8	3	1
2	6	8	7	9	3	4	1	5
1	3	9	6	4	5	2	7	8
5	4	7	2	8	1	6	9	3

Puzzle #31 - Easy

8	4	1	9	6	3	2	7	5
6	7	3	5	1	2	4	9	8
5	2	9	8	7	4	1	6	3
2	6	7	3	8	9	5	4	1
3	9	8	1	4	5	6	2	7
4	1	5	7	2	6	8	3	9
7	8	2	6	3	1	9	5	4
1	5	6	4	9	7	3	8	2
9	3	4	2	5	8	7	1	6

Puzzle #32 - Easy

7	9	4	3	5	8	1	6	2
5	8	2	1	9	6	3	7	4
6	3	1	2	7	4	5	8	9
8	4	7	6	1	5	9	2	3
3	6	9	7	4	2	8	5	1
1	2	5	8	3	9	7	4	6
4	1	8	9	6	7	2	3	5
9	7	6	5	2	3	4	1	8
2	5	3	4	8	1	6	9	7

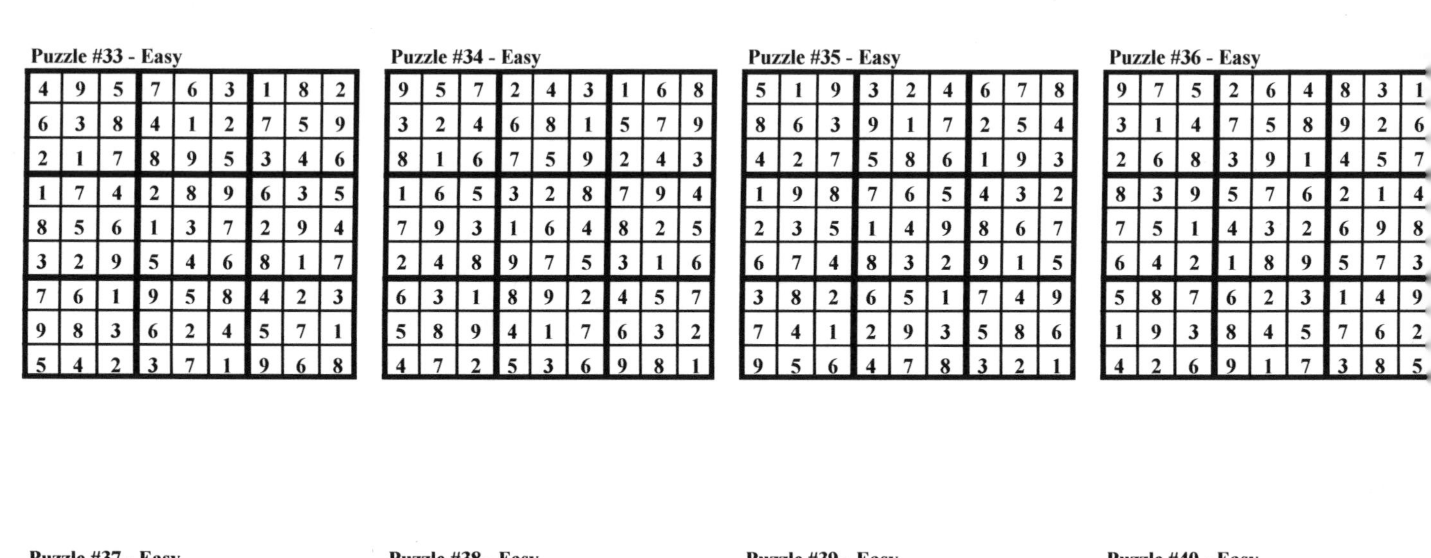

Puzzle #33 - Easy

4	9	5	7	6	3	1	8	2
6	3	8	4	1	2	7	5	9
2	1	7	8	9	5	3	4	6
1	7	4	2	8	9	6	3	5
8	5	6	1	3	7	2	9	4
3	2	9	5	4	6	8	1	7
7	6	1	9	5	8	4	2	3
9	8	3	6	2	4	5	7	1
5	4	2	3	7	1	9	6	8

Puzzle #34 - Easy

9	5	7	2	4	3	1	6	8
3	2	4	6	8	1	5	7	9
8	1	6	7	5	9	2	4	3
1	6	5	3	2	8	7	9	4
7	9	3	1	6	4	8	2	5
2	4	8	9	7	5	3	1	6
6	3	1	8	9	2	4	5	7
5	8	9	4	1	7	6	3	2
4	7	2	5	3	6	9	8	1

Puzzle #35 - Easy

5	1	9	3	2	4	6	7	8
8	6	3	9	1	7	2	5	4
4	2	7	5	8	6	1	9	3
1	9	8	7	6	5	4	3	2
2	3	5	1	4	9	8	6	7
6	7	4	8	3	2	9	1	5
3	8	2	6	5	1	7	4	9
7	4	1	2	9	3	5	8	6
9	5	6	4	7	8	3	2	1

Puzzle #36 - Easy

9	7	5	2	6	4	8	3	1
3	1	4	7	5	8	9	2	6
2	6	8	3	9	1	4	5	7
8	3	9	5	7	6	2	1	4
7	5	1	4	3	2	6	9	8
6	4	2	1	8	9	5	7	3
5	8	7	6	2	3	1	4	9
1	9	3	8	4	5	7	6	2
4	2	6	9	1	7	3	8	5

Puzzle #37 - Easy

7	4	9	1	2	5	3	8	6
2	5	1	6	8	3	9	4	7
3	8	6	4	9	7	1	5	2
8	1	7	2	5	6	4	3	9
5	2	4	7	3	9	8	6	1
9	6	3	8	1	4	2	7	5
4	3	2	5	6	1	7	9	8
6	9	8	3	7	2	5	1	4
1	7	5	9	4	8	6	2	3

Puzzle #38 - Easy

4	1	2	8	3	5	7	9	6
9	7	8	4	6	2	3	1	5
3	6	5	9	1	7	4	8	2
5	9	3	1	4	6	2	7	8
6	8	4	7	2	3	9	5	1
7	2	1	5	8	9	6	3	4
8	5	6	3	9	4	1	2	7
2	3	7	6	5	1	8	4	9
1	4	9	2	7	8	5	6	3

Puzzle #39 - Easy

8	5	3	9	1	6	4	2	7
7	9	1	2	4	3	5	6	8
2	6	4	5	8	7	9	3	1
5	1	8	4	6	9	3	7	2
9	7	2	8	3	1	6	5	4
4	3	6	7	5	2	8	1	9
3	2	7	6	9	4	1	8	5
1	8	9	3	2	5	7	4	6
6	4	5	1	7	8	2	9	3

Puzzle #40 - Easy

8	2	1	5	4	3	9	7	6
4	7	9	8	6	2	3	5	1
6	3	5	9	7	1	4	8	2
5	9	4	1	2	6	8	3	7
7	6	8	3	5	4	1	2	9
2	1	3	7	8	9	5	6	4
3	4	7	6	9	8	2	1	5
1	5	2	4	3	7	6	9	8
9	8	6	2	1	5	7	4	3

Puzzle #41 - Easy

2	9	8	5	6	3	4	7	1
1	6	4	2	9	7	8	3	5
7	5	3	1	8	4	9	6	2
9	8	5	7	2	6	3	1	4
6	7	1	3	4	8	5	2	9
3	4	2	9	5	1	6	8	7
8	2	6	4	7	9	1	5	3
4	3	7	6	1	5	2	9	8
5	1	9	8	3	2	7	4	6

Puzzle #42 - Easy

6	7	2	9	4	8	5	3	1
8	1	9	5	6	3	2	4	7
4	3	5	2	1	7	9	6	8
9	4	7	8	2	5	6	1	3
3	2	6	4	7	1	8	9	5
5	8	1	6	3	9	7	2	4
1	9	8	3	5	6	4	7	2
7	6	4	1	8	2	3	5	9
2	5	3	7	9	4	1	8	6

Puzzle #43 - Easy

1	3	6	7	4	5	2	8	9
7	8	5	9	2	3	4	6	1
4	2	9	6	8	1	5	3	7
3	7	8	5	6	4	9	1	2
5	9	4	8	1	2	6	7	3
2	6	1	3	9	7	8	4	5
8	1	2	4	3	9	7	5	6
6	5	3	2	7	8	1	9	4
9	4	7	1	5	6	3	2	8

Puzzle #44 - Easy

1	5	7	9	8	4	6	2	3
6	4	2	5	3	7	1	9	8
9	3	8	6	1	2	5	7	4
3	9	6	4	7	1	2	8	5
8	1	4	2	9	5	3	6	7
2	7	5	8	6	3	9	4	1
4	6	9	1	5	8	7	3	2
5	8	3	7	2	6	4	1	9
7	2	1	3	4	9	8	5	6

Puzzle #45 - Easy

5	9	8	6	1	2	7	3	4
6	7	1	3	4	9	2	5	8
2	3	4	7	5	8	6	1	9
8	5	7	9	2	3	1	4	6
1	6	9	4	8	5	3	2	7
4	2	3	1	6	7	9	8	5
3	8	2	5	7	6	4	9	1
9	1	6	8	3	4	5	7	2
7	4	5	2	9	1	8	6	3

Puzzle #46 - Easy

8	4	3	6	9	1	7	2	5
1	6	2	7	5	3	8	9	4
9	5	7	8	4	2	1	6	3
2	8	9	3	1	7	4	5	6
7	3	5	4	6	8	9	1	2
4	1	6	9	2	5	3	7	8
5	2	4	1	3	9	6	8	7
3	7	1	5	8	6	2	4	9
6	9	8	2	7	4	5	3	1

Puzzle #47 - Easy

2	1	9	4	6	5	3	7	8
6	7	3	8	9	2	5	1	4
4	8	5	7	1	3	6	9	2
9	5	4	1	2	8	7	3	6
7	2	1	5	3	6	8	4	9
3	6	8	9	4	7	2	5	1
8	9	6	3	5	1	4	2	7
1	3	2	6	7	4	9	8	5
5	4	7	2	8	9	1	6	3

Puzzle #48 - Easy

9	5	4	7	6	1	2	8	3
1	3	6	4	8	2	9	7	5
8	2	7	9	5	3	6	1	4
6	4	2	1	3	9	8	5	7
7	1	5	6	2	8	4	3	9
3	9	8	5	4	7	1	6	2
5	6	9	3	1	4	7	2	8
4	8	3	2	7	6	5	9	1
2	7	1	8	9	5	3	4	6

Puzzle #49 - Easy

3	6	5	1	8	9	7	4	2
9	7	1	6	2	4	8	3	5
2	4	8	5	7	3	6	1	9
4	5	3	9	6	7	1	2	8
7	8	9	2	4	1	3	5	6
6	1	2	8	3	5	4	9	7
5	9	7	4	1	8	2	6	3
8	2	4	3	5	6	9	7	1
1	3	6	7	9	2	5	8	4

Puzzle #50 - Easy

1	7	9	8	4	3	6	2	5
2	5	4	6	1	9	3	8	7
3	8	6	2	7	5	4	1	9
4	6	3	9	2	8	7	5	1
8	2	1	5	3	7	9	6	4
5	9	7	4	6	1	8	3	2
9	4	5	1	8	6	2	7	3
7	1	8	3	9	2	5	4	6
6	3	2	7	5	4	1	9	8

Puzzle #51 - Easy

5	6	7	3	4	2	8	1	9
3	8	9	1	6	7	5	4	2
1	2	4	8	5	9	3	6	7
8	3	6	9	7	1	4	2	5
4	7	2	5	3	6	1	9	8
9	5	1	2	8	4	6	7	3
2	4	3	6	9	8	7	5	1
7	9	8	4	1	5	2	3	6
6	1	5	7	2	3	9	8	4

Puzzle #52 - Easy

1	7	3	6	2	9	8	5	4
2	9	6	5	4	8	1	3	7
5	4	8	7	3	1	2	9	6
9	1	2	4	7	3	6	8	5
3	5	4	8	6	2	7	1	9
8	6	7	1	9	5	4	2	3
6	2	5	9	8	7	3	4	1
7	8	9	3	1	4	5	6	2
4	3	1	2	5	6	9	7	8

Puzzle #53 - Easy

9	3	2	6	5	4	1	7	8
7	8	5	1	3	9	6	4	2
1	6	4	7	2	8	5	9	3
4	2	6	5	1	3	9	8	7
5	9	3	4	8	7	2	6	1
8	7	1	9	6	2	3	5	4
6	1	8	2	7	5	4	3	9
2	4	7	3	9	6	8	1	5
3	5	9	8	4	1	7	2	6

Puzzle #54 - Easy

5	7	8	1	4	2	3	9	6
3	2	4	6	5	9	1	7	8
6	1	9	7	8	3	5	4	2
8	3	7	9	6	4	2	5	1
4	5	6	8	2	1	7	3	9
2	9	1	3	7	5	8	6	4
7	8	3	4	1	6	9	2	5
1	4	2	5	9	7	6	8	3
9	6	5	2	3	8	4	1	7

Puzzle #55 - Easy

1	4	7	2	9	6	8	5	3
8	2	9	3	1	5	7	4	6
5	3	6	8	4	7	2	1	9
7	8	4	6	5	3	1	9	2
3	1	2	9	7	8	4	6	5
9	6	5	4	2	1	3	8	7
2	5	1	7	6	4	9	3	8
6	7	3	1	8	9	5	2	4
4	9	8	5	3	2	6	7	1

Puzzle #56 - Easy

7	1	4	3	2	8	9	6	5
8	5	2	6	1	9	4	3	7
3	9	6	5	7	4	8	2	1
5	6	1	2	8	3	7	9	4
9	3	8	7	4	5	6	1	2
2	4	7	1	9	6	3	5	8
6	7	3	4	5	2	1	8	9
1	2	9	8	3	7	5	4	6
4	8	5	9	6	1	2	7	3

Puzzle #57 - Easy

3	1	2	8	4	9	6	5	7
8	7	6	3	5	2	1	9	4
9	4	5	1	6	7	8	2	3
2	8	4	6	1	5	3	7	9
6	5	9	7	3	8	4	1	2
1	3	7	9	2	4	5	8	6
7	6	1	2	8	3	9	4	5
5	2	3	4	9	1	7	6	8
4	9	8	5	7	6	2	3	1

Puzzle #58 - Easy

2	7	5	9	6	1	4	8	3
1	3	9	4	8	7	2	5	6
6	4	8	3	2	5	7	1	9
8	6	4	2	5	3	1	9	7
7	1	3	6	4	9	5	2	8
5	9	2	1	7	8	3	6	4
9	5	6	7	1	4	8	3	2
3	8	7	5	9	2	6	4	1
4	2	1	8	3	6	9	7	5

Puzzle #59 - Easy

7	1	2	4	5	8	3	6	9
5	9	6	7	3	1	8	2	4
3	4	8	2	9	6	1	7	5
1	7	3	8	2	4	5	9	6
6	8	9	5	7	3	4	1	2
4	2	5	1	6	9	7	3	8
9	6	4	3	8	7	2	5	1
8	5	7	9	1	2	6	4	3
2	3	1	6	4	5	9	8	7

Puzzle #60 - Easy

9	8	1	7	3	4	2	6	5
4	5	2	8	1	6	9	7	3
7	3	6	2	5	9	1	4	8
5	2	7	6	9	8	4	3	1
6	9	3	1	4	5	8	2	7
1	4	8	3	7	2	5	9	6
2	7	4	5	6	1	3	8	9
8	6	5	9	2	3	7	1	4
3	1	9	4	8	7	6	5	2

Puzzle #61 - Easy

8	1	9	6	7	2	4	5	3
7	6	2	4	3	5	8	1	9
4	5	3	1	8	9	7	2	6
6	3	8	5	9	4	2	7	1
1	9	5	7	2	6	3	8	4
2	4	7	3	1	8	6	9	5
3	2	6	9	5	7	1	4	8
5	8	1	2	4	3	9	6	7
9	7	4	8	6	1	5	3	2

Puzzle #62 - Easy

3	2	8	7	9	6	1	4	5
5	4	9	1	8	3	7	2	6
7	6	1	4	5	2	3	9	8
9	5	2	8	6	7	4	3	1
6	3	7	2	4	1	5	8	9
8	1	4	9	3	5	6	7	2
2	8	5	3	1	4	9	6	7
4	7	6	5	2	9	8	1	3
1	9	3	6	7	8	2	5	4

Puzzle #63 - Easy

4	1	2	8	3	5	7	9	6
9	7	8	4	6	2	3	1	5
3	6	5	9	1	7	4	8	2
5	9	3	1	4	6	2	7	8
6	8	4	7	2	3	9	5	1
7	2	1	5	8	9	6	3	4
8	5	6	3	9	4	1	2	7
2	3	7	6	5	1	8	4	9
1	4	9	2	7	8	5	6	3

Puzzle #64 - Easy

1	9	8	4	2	5	7	6	3
4	7	3	9	6	8	1	5	2
5	2	6	3	7	1	4	8	9
8	5	7	2	1	4	3	9	6
2	3	4	8	9	6	5	1	7
9	6	1	7	5	3	2	4	8
3	4	9	1	8	7	6	2	5
7	8	5	6	4	2	9	3	1
6	1	2	5	3	9	8	7	4

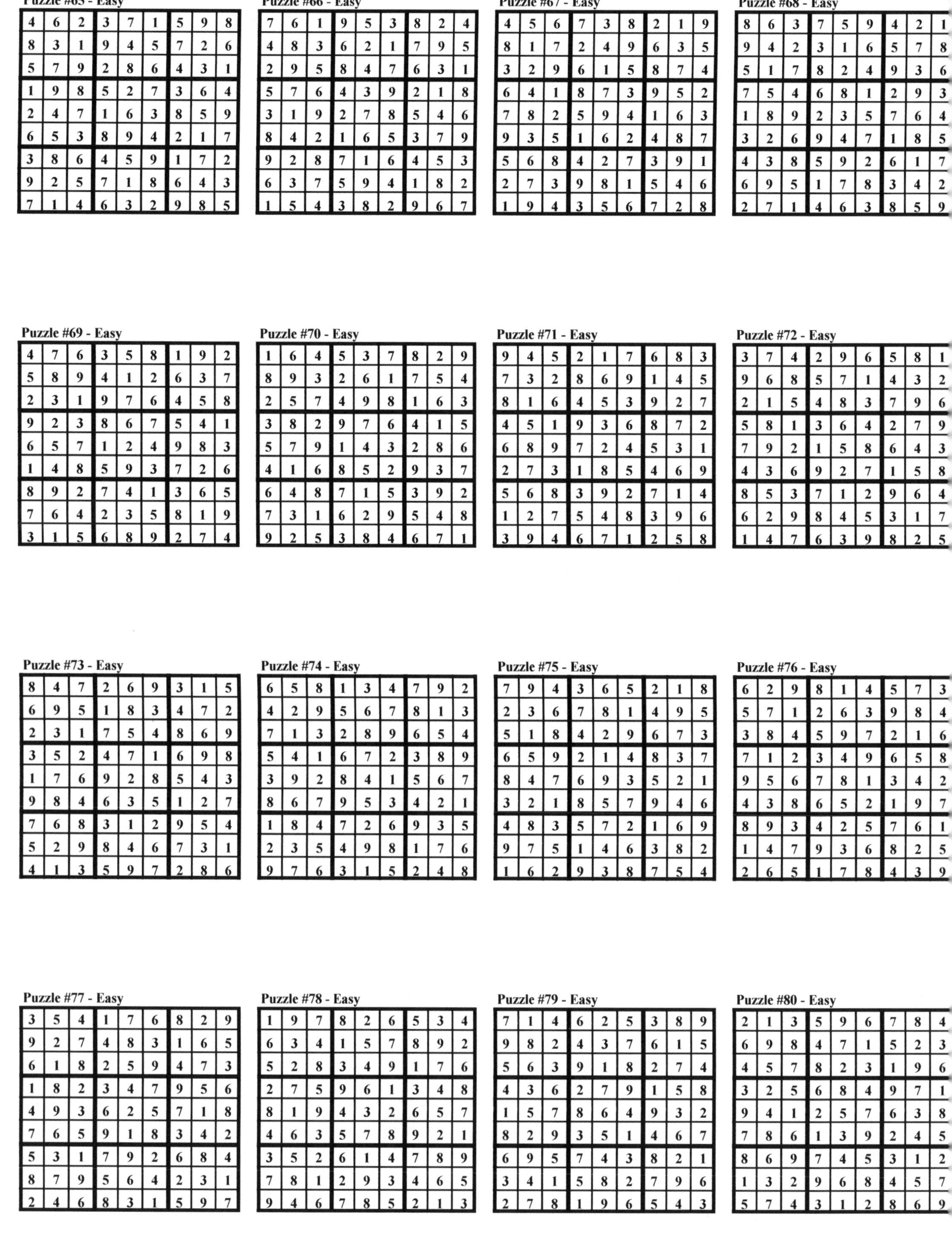

Puzzle #65 - Easy

4	6	2	3	7	1	5	9	8
8	3	1	9	4	5	7	2	6
5	7	9	2	8	6	4	3	1
1	9	8	5	2	7	3	6	4
2	4	7	1	6	3	8	5	9
6	5	3	8	9	4	2	1	7
3	8	6	4	5	9	1	7	2
9	2	5	7	1	8	6	4	3
7	1	4	6	3	2	9	8	5

Puzzle #66 - Easy

7	6	1	9	5	3	8	2	4
4	8	3	6	2	1	7	9	5
2	9	5	8	4	7	6	3	1
5	7	6	4	3	9	2	1	8
3	1	9	2	7	8	5	4	6
8	4	2	1	6	5	3	7	9
9	2	8	7	1	6	4	5	3
6	3	7	5	9	4	1	8	2
1	5	4	3	8	2	9	6	7

Puzzle #67 - Easy

4	5	6	7	3	8	2	1	9
8	1	7	2	4	9	6	3	5
3	2	9	6	1	5	8	7	4
6	4	1	8	7	3	9	5	2
7	8	2	5	9	4	1	6	3
9	3	5	1	6	2	4	8	7
5	6	8	4	2	7	3	9	1
2	7	3	9	8	1	5	4	6
1	9	4	3	5	6	7	2	8

Puzzle #68 - Easy

8	6	3	7	5	9	4	2	1
9	4	2	3	1	6	5	7	8
5	1	7	8	2	4	9	3	6
7	5	4	6	8	1	2	9	3
1	8	9	2	3	5	7	6	4
3	2	6	9	4	7	1	8	5
4	3	8	5	9	2	6	1	7
6	9	5	1	7	8	3	4	2
2	7	1	4	6	3	8	5	9

Puzzle #69 - Easy

4	7	6	3	5	8	1	9	2
5	8	9	4	1	2	6	3	7
2	3	1	9	7	6	4	5	8
9	2	3	8	6	7	5	4	1
6	5	7	1	2	4	9	8	3
1	4	8	5	9	3	7	2	6
8	9	2	7	4	1	3	6	5
7	6	4	2	3	5	8	1	9
3	1	5	6	8	9	2	7	4

Puzzle #70 - Easy

1	6	4	5	3	7	8	2	9
8	9	3	2	6	1	7	5	4
2	5	7	4	9	8	1	6	3
3	8	2	9	7	6	4	1	5
5	7	9	1	4	3	2	8	6
4	1	6	8	5	2	9	3	7
6	4	8	7	1	5	3	9	2
7	3	1	6	2	9	5	4	8
9	2	5	3	8	4	6	7	1

Puzzle #71 - Easy

9	4	5	2	1	7	6	8	3
7	3	2	8	6	9	1	4	5
8	1	6	4	5	3	9	2	7
4	5	1	9	3	6	8	7	2
6	8	9	7	2	4	5	3	1
2	7	3	1	8	5	4	6	9
5	6	8	3	9	2	7	1	4
1	2	7	5	4	8	3	9	6
3	9	4	6	7	1	2	5	8

Puzzle #72 - Easy

3	7	4	2	9	6	5	8	1
9	6	8	5	7	1	4	3	2
2	1	5	4	8	3	7	9	6
5	8	1	3	6	4	2	7	9
7	9	2	1	5	8	6	4	3
4	3	6	9	2	7	1	5	8
8	5	3	7	1	2	9	6	4
6	2	9	8	4	5	3	1	7
1	4	7	6	3	9	8	2	5

Puzzle #73 - Easy

8	4	7	2	6	9	3	1	5
6	9	5	1	8	3	4	7	2
2	3	1	7	5	4	8	6	9
3	5	2	4	7	1	6	9	8
1	7	6	9	2	8	5	4	3
9	8	4	6	3	5	1	2	7
7	6	8	3	1	2	9	5	4
5	2	9	8	4	6	7	3	1
4	1	3	5	9	7	2	8	6

Puzzle #74 - Easy

6	5	8	1	3	4	7	9	2
4	2	9	5	6	7	8	1	3
7	1	3	2	8	9	6	5	4
5	4	1	6	7	2	3	8	9
3	9	2	8	4	1	5	6	7
8	6	7	9	5	3	4	2	1
1	8	4	7	2	6	9	3	5
2	3	5	4	9	8	1	7	6
9	7	6	3	1	5	2	4	8

Puzzle #75 - Easy

7	9	4	3	6	5	2	1	8
2	3	6	7	8	1	4	9	5
5	1	8	4	2	9	6	7	3
6	5	9	2	1	4	8	3	7
8	4	7	6	9	3	5	2	1
3	2	1	8	5	7	9	4	6
4	8	3	5	7	2	1	6	9
9	7	5	1	4	6	3	8	2
1	6	2	9	3	8	7	5	4

Puzzle #76 - Easy

6	2	9	8	1	4	5	7	3
5	7	1	2	6	3	9	8	4
3	8	4	5	9	7	2	1	6
7	1	2	3	4	9	6	5	8
9	5	6	7	8	1	3	4	2
4	3	8	6	5	2	1	9	7
8	9	3	4	2	5	7	6	1
1	4	7	9	3	6	8	2	5
2	6	5	1	7	8	4	3	9

Puzzle #77 - Easy

3	5	4	1	7	6	8	2	9
9	2	7	4	8	3	1	6	5
6	1	8	2	5	9	4	7	3
1	8	2	3	4	7	9	5	6
4	9	3	6	2	5	7	1	8
7	6	5	9	1	8	3	4	2
5	3	1	7	9	2	6	8	4
8	7	9	5	6	4	2	3	1
2	4	6	8	3	1	5	9	7

Puzzle #78 - Easy

1	9	7	8	2	6	5	3	4
6	3	4	1	5	7	8	9	2
5	2	8	3	4	9	1	7	6
2	7	5	9	6	1	3	4	8
8	1	9	4	3	2	6	5	7
4	6	3	5	7	8	9	2	1
3	5	2	6	1	4	7	8	9
7	8	1	2	9	3	4	6	5
9	4	6	7	8	5	2	1	3

Puzzle #79 - Easy

7	1	4	6	2	5	3	8	9
9	8	2	4	3	7	6	1	5
5	6	3	9	1	8	2	7	4
4	3	6	2	7	9	1	5	8
1	5	7	8	6	4	9	3	2
8	2	9	3	5	1	4	6	7
6	9	5	7	4	3	8	2	1
3	4	1	5	8	2	7	9	6
2	7	8	1	9	6	5	4	3

Puzzle #80 - Easy

2	1	3	5	9	6	7	8	4
6	9	8	4	7	1	5	2	3
4	5	7	8	2	3	1	9	6
3	2	5	6	8	4	9	7	1
9	4	1	2	5	7	6	3	8
7	8	6	1	3	9	2	4	5
8	6	9	7	4	5	3	1	2
1	3	2	9	6	8	4	5	7
5	7	4	3	1	2	8	6	9

uzzle #81 - Easy

3	6	4	2	8	5	1	7	9
5	7	9	6	3	1	2	8	4
1	8	2	7	4	9	3	6	5
6	2	3	9	5	4	8	1	7
4	1	5	8	6	7	9	2	3
8	9	7	3	1	2	5	4	6
7	4	8	1	9	3	6	5	2
9	5	1	4	2	6	7	3	8
2	3	6	5	7	8	4	9	1

Puzzle #82 - Easy

2	1	9	6	5	7	4	8	3
7	4	8	2	1	3	9	5	6
3	5	6	4	9	8	1	2	7
4	2	5	3	7	9	8	6	1
9	8	7	1	6	4	5	3	2
1	6	3	8	2	5	7	4	9
8	7	2	9	4	6	3	1	5
5	3	1	7	8	2	6	9	4
6	9	4	5	3	1	2	7	8

Puzzle #83 - Easy

5	8	7	4	2	6	1	9	3
4	3	1	9	5	8	7	2	6
6	9	2	7	1	3	4	8	5
9	1	8	5	6	7	3	4	2
3	2	5	1	9	4	6	7	8
7	4	6	8	3	2	5	1	9
2	5	9	6	4	1	8	3	7
1	7	3	2	8	5	9	6	4
8	6	4	3	7	9	2	5	1

Puzzle #84 - Easy

3	6	9	1	4	2	7	8	5
8	4	5	7	9	6	2	3	1
7	1	2	8	3	5	6	4	9
6	8	1	5	2	9	4	7	3
9	2	4	3	7	1	5	6	8
5	7	3	4	6	8	1	9	2
4	5	7	9	1	3	8	2	6
1	3	6	2	8	7	9	5	4
2	9	8	6	5	4	3	1	7

uzzle #85 - Easy

7	3	9	1	5	6	8	4	2
2	4	5	3	9	8	6	7	1
8	1	6	7	2	4	3	5	9
3	8	7	5	6	2	9	1	4
4	5	2	9	3	1	7	6	8
6	9	1	4	8	7	2	3	5
1	2	8	6	4	3	5	9	7
5	6	4	8	7	9	1	2	3
9	7	3	2	1	5	4	8	6

Puzzle #86 - Easy

8	9	6	2	5	1	4	3	7
1	7	4	3	6	9	2	5	8
5	2	3	4	8	7	1	9	6
9	1	5	8	3	2	7	6	4
6	8	7	5	9	4	3	1	2
3	4	2	7	1	6	9	8	5
4	5	8	9	7	3	6	2	1
7	6	9	1	2	8	5	4	3
2	3	1	6	4	5	8	7	9

Puzzle #87 - Easy

6	2	7	9	1	8	3	5	4
8	1	5	3	6	4	2	7	9
3	4	9	2	7	5	1	6	8
5	9	3	7	2	6	8	4	1
2	8	6	4	3	1	5	9	7
1	7	4	5	8	9	6	2	3
9	6	1	8	4	2	7	3	5
7	5	2	1	9	3	4	8	6
4	3	8	6	5	7	9	1	2

Puzzle #88 - Easy

3	8	9	2	1	7	6	5	4
1	7	5	8	6	4	2	9	3
4	2	6	5	9	3	1	8	7
5	1	4	3	8	9	7	2	6
2	9	3	7	5	6	8	4	1
7	6	8	4	2	1	9	3	5
8	3	2	6	7	5	4	1	9
9	4	7	1	3	2	5	6	8
6	5	1	9	4	8	3	7	2

uzzle #89 - Easy

2	3	8	7	5	6	4	1	9
6	7	9	4	1	2	8	5	3
1	5	4	8	3	9	7	6	2
7	9	6	2	8	5	3	4	1
3	4	5	9	7	1	2	8	6
8	2	1	3	6	4	9	7	5
9	6	2	1	4	7	5	3	8
4	1	3	5	2	8	6	9	7
5	8	7	6	9	3	1	2	4

Puzzle #90 - Easy

2	4	9	7	3	8	5	1	6
8	5	7	1	6	2	4	3	9
1	6	3	9	4	5	8	2	7
9	2	8	5	1	6	3	7	4
4	7	1	8	9	3	2	6	5
6	3	5	2	7	4	1	9	8
5	1	6	3	8	7	9	4	2
7	9	2	4	5	1	6	8	3
3	8	4	6	2	9	7	5	1

Puzzle #91 - Easy

4	8	7	6	1	5	2	9	3
2	9	5	7	4	3	1	6	8
1	6	3	9	2	8	7	4	5
3	5	2	1	9	4	8	7	6
7	1	9	2	8	6	5	3	4
8	4	6	3	5	7	9	2	1
6	3	1	8	7	2	4	5	9
5	7	8	4	3	9	6	1	2
9	2	4	5	6	1	3	8	7

Puzzle #92 - Easy

4	1	2	9	8	6	5	7	3
6	9	5	3	7	2	4	8	1
8	7	3	5	1	4	9	6	2
5	2	4	7	9	3	8	1	6
7	6	9	1	2	8	3	4	5
1	3	8	6	4	5	2	9	7
3	5	7	4	6	9	1	2	8
9	8	6	2	3	1	7	5	4
2	4	1	8	5	7	6	3	9

uzzle #93 - Easy

8	3	1	9	4	6	2	7	5
9	7	4	5	3	2	1	6	8
2	5	6	7	8	1	3	9	4
3	4	9	2	1	8	6	5	7
5	2	8	6	7	4	9	3	1
1	6	7	3	9	5	4	8	2
7	8	3	4	2	9	5	1	6
4	1	5	8	6	3	7	2	9
6	9	2	1	5	7	8	4	3

Puzzle #94 - Easy

7	8	1	2	5	6	9	3	4
3	4	2	8	1	9	5	6	7
9	6	5	3	7	4	8	1	2
2	9	8	5	4	3	6	7	1
6	5	4	7	9	1	3	2	8
1	3	7	6	8	2	4	9	5
5	7	3	9	2	8	1	4	6
4	2	9	1	6	5	7	8	3
8	1	6	4	3	7	2	5	9

Puzzle #95 - Easy

1	3	4	7	6	8	2	5	9
7	9	5	2	4	1	3	8	6
8	2	6	5	9	3	1	4	7
6	5	3	8	1	2	9	7	4
2	1	8	9	7	4	6	3	5
9	4	7	3	5	6	8	2	1
5	8	1	6	3	7	4	9	2
3	6	9	4	2	5	7	1	8
4	7	2	1	8	9	5	6	3

Puzzle #96 - Easy

1	8	4	2	9	7	5	6	3
5	7	6	3	1	4	9	2	8
9	3	2	6	8	5	4	7	1
7	4	5	9	3	1	2	8	6
8	6	3	5	4	2	1	9	7
2	1	9	8	7	6	3	4	5
4	2	7	1	6	3	8	5	9
3	5	8	7	2	9	6	1	4
6	9	1	4	5	8	7	3	2

Puzzle #97 - Easy

9	2	4	3	5	7	1	6	8
5	1	6	2	9	8	7	3	4
3	7	8	1	4	6	5	2	9
2	3	1	7	6	9	8	4	5
6	8	5	4	1	3	9	7	2
4	9	7	8	2	5	6	1	3
7	4	9	6	8	2	3	5	1
8	6	2	5	3	1	4	9	7
1	5	3	9	7	4	2	8	6

Puzzle #98 - Easy

6	2	9	3	8	5	1	7	4
1	3	7	4	2	6	8	5	9
8	5	4	9	7	1	3	6	2
7	4	8	5	9	3	2	1	6
3	6	5	7	1	2	4	9	8
9	1	2	6	4	8	5	3	7
5	9	3	8	6	4	7	2	1
2	8	6	1	5	7	9	4	3
4	7	1	2	3	9	6	8	5

Puzzle #99 - Easy

1	8	6	2	3	5	9	4	7
7	4	9	1	6	8	3	5	2
3	5	2	9	7	4	1	6	8
6	9	5	4	8	2	7	1	3
8	2	3	5	1	7	6	9	4
4	7	1	6	9	3	8	2	5
9	3	4	8	2	6	5	7	1
2	6	8	7	5	1	4	3	9
5	1	7	3	4	9	2	8	6

Puzzle #100 - Easy

2	5	4	6	1	7	3	8	9
6	3	9	4	2	8	5	7	1
1	7	8	5	9	3	2	6	4
9	4	6	3	8	2	7	1	5
3	2	1	7	6	5	9	4	8
7	8	5	1	4	9	6	2	3
5	1	3	8	7	6	4	9	2
8	6	2	9	3	4	1	5	7
4	9	7	2	5	1	8	3	6

Puzzle #1 - Medium

8	6	3	7	5	9	4	2	1
9	4	2	3	1	6	5	7	8
5	1	7	8	2	4	9	3	6
7	5	4	6	8	1	2	9	3
1	8	9	2	3	5	7	6	4
3	2	6	9	4	7	1	8	5
4	3	8	5	9	2	6	1	7
6	9	5	1	7	8	3	4	2
2	7	1	4	6	3	8	5	9

Puzzle #2 - Medium

7	6	9	3	2	5	8	1	4
1	8	2	9	7	4	5	6	3
3	4	5	1	6	8	7	2	9
5	7	6	8	4	9	2	3	1
9	3	8	6	1	2	4	5	7
2	1	4	5	3	7	9	8	6
4	5	3	7	8	6	1	9	2
8	2	1	4	9	3	6	7	5
6	9	7	2	5	1	3	4	8

Puzzle #3 - Medium

4	9	1	2	6	8	3	5	7
5	6	2	9	7	3	4	8	1
3	8	7	5	4	1	9	2	6
9	5	4	3	2	6	7	1	8
2	7	3	8	1	5	6	4	9
6	1	8	4	9	7	5	3	2
7	3	5	1	8	9	2	6	4
1	4	9	6	3	2	8	7	5
8	2	6	7	5	4	1	9	3

Puzzle #4 - Medium

7	8	1	2	5	6	9	3	4
3	4	2	8	1	9	5	6	7
9	6	5	3	7	4	8	1	2
2	9	8	5	4	3	6	7	1
6	5	4	7	9	1	3	2	8
1	3	7	6	8	2	4	9	5
5	7	3	9	2	8	1	4	6
4	2	9	1	6	5	7	8	3
8	1	6	4	3	7	2	5	9

Puzzle #5 - Medium

2	4	6	3	8	7	5	9	1
1	9	8	5	6	4	3	2	7
5	3	7	9	1	2	4	8	6
9	5	1	7	4	6	8	3	2
3	7	2	8	9	1	6	5	4
6	8	4	2	3	5	7	1	9
7	1	3	6	5	9	2	4	8
4	2	5	1	7	8	9	6	3
8	6	9	4	2	3	1	7	5

Puzzle #6 - Medium

6	2	8	7	3	5	4	1	9
3	5	9	1	8	4	2	6	7
1	4	7	9	6	2	3	5	8
9	7	5	2	4	6	8	3	1
4	8	1	3	5	9	7	2	6
2	6	3	8	7	1	9	4	5
8	1	4	5	9	3	6	7	2
7	3	2	6	1	8	5	9	4
5	9	6	4	2	7	1	8	3

Puzzle #7 - Medium

5	8	7	4	2	6	1	9	3
4	3	1	9	5	8	7	2	6
6	9	2	7	1	3	4	8	5
9	1	8	5	6	7	3	4	2
3	2	5	1	9	4	6	7	8
7	4	6	8	3	2	5	1	9
2	5	9	6	4	1	8	3	7
1	7	3	2	8	5	9	6	4
8	6	4	3	7	9	2	5	1

Puzzle #8 - Medium

2	1	7	3	6	4	9	5	8
9	4	6	5	8	2	3	1	7
3	8	5	9	7	1	6	2	4
6	7	8	2	9	5	4	3	1
1	3	2	6	4	7	8	9	5
5	9	4	8	1	3	7	6	2
7	6	3	1	2	8	5	4	9
4	5	1	7	3	9	2	8	6
8	2	9	4	5	6	1	7	3

Puzzle #9 - Medium

6	7	9	4	3	2	5	8	1
1	4	3	8	7	5	6	9	2
2	8	5	9	6	1	7	3	4
3	9	6	2	1	4	8	5	7
7	2	4	3	5	8	1	6	9
5	1	8	7	9	6	2	4	3
8	3	1	6	2	9	4	7	5
9	6	2	5	4	7	3	1	8
4	5	7	1	8	3	9	2	6

Puzzle #10 - Medium

7	2	1	8	4	9	6	3	5
5	4	8	7	6	3	2	9	1
9	3	6	1	5	2	7	8	4
2	6	5	4	9	1	8	7	3
1	8	9	3	2	7	4	5	6
3	7	4	6	8	5	9	1	2
8	1	2	9	3	6	5	4	7
4	5	3	2	7	8	1	6	9
6	9	7	5	1	4	3	2	8

Puzzle #11 - Medium

7	9	6	4	2	3	8	1	5
2	8	3	1	9	5	4	7	6
5	4	1	7	6	8	2	3	9
6	1	7	9	3	4	5	2	8
9	5	8	2	7	1	3	6	4
3	2	4	8	5	6	1	9	7
4	6	9	5	1	2	7	8	3
1	3	5	6	8	7	9	4	2
8	7	2	3	4	9	6	5	1

Puzzle #12 - Medium

5	6	1	7	8	3	9	2	4
2	8	4	6	5	9	7	1	3
9	3	7	2	1	4	5	8	6
6	1	8	5	9	7	3	4	2
4	9	2	3	6	8	1	5	7
7	5	3	1	4	2	8	6	9
1	2	9	8	7	6	4	3	5
3	4	5	9	2	1	6	7	8
8	7	6	4	3	5	2	9	1

Puzzle #13 - Medium

6	8	7	3	2	9	5	4	1
1	2	9	5	6	4	8	3	7
3	5	4	7	1	8	9	6	2
8	3	2	4	9	6	1	7	5
7	4	5	8	3	1	2	9	6
9	1	6	2	7	5	4	8	3
2	6	1	9	8	3	7	5	4
5	9	3	1	4	7	6	2	8
4	7	8	6	5	2	3	1	9

Puzzle #14 - Medium

1	5	4	7	9	8	6	2	3
9	7	3	4	6	2	8	1	5
6	2	8	5	3	1	4	9	7
3	4	6	9	1	5	2	7	8
5	8	7	2	4	6	1	3	9
2	1	9	8	7	3	5	6	4
8	9	2	1	5	7	3	4	6
4	3	5	6	2	9	7	8	1
7	6	1	3	8	4	9	5	2

Puzzle #15 - Medium

8	4	6	7	5	1	3	2	9
7	1	2	9	6	3	4	5	8
3	5	9	4	2	8	1	6	7
1	9	4	5	3	6	7	8	2
2	3	5	8	1	7	6	9	4
6	7	8	2	9	4	5	3	1
5	2	3	1	7	9	8	4	6
9	8	1	6	4	5	2	7	3
4	6	7	3	8	2	9	1	5

Puzzle #16 - Medium

6	2	8	7	3	5	9	1	4
7	5	9	1	8	4	6	3	2
3	4	1	9	6	2	8	5	7
1	8	5	3	2	7	4	6	9
9	6	3	4	5	8	7	2	1
4	7	2	6	9	1	3	8	5
8	1	6	2	7	9	5	4	3
5	9	4	8	1	3	2	7	6
2	3	7	5	4	6	1	9	8

Puzzle #17 - Medium

4	1	7	8	9	6	3	2	5
9	8	5	3	7	2	1	6	4
6	3	2	5	4	1	7	8	9
1	5	4	6	8	9	2	3	7
7	9	6	4	2	3	5	1	8
8	2	3	7	1	5	4	9	6
2	7	1	9	6	4	8	5	3
3	4	9	2	5	8	6	7	1
5	6	8	1	3	7	9	4	2

Puzzle #18 - Medium

1	7	9	5	3	6	4	8	2
3	5	8	2	4	7	9	6	1
6	4	2	8	1	9	5	3	7
5	1	7	3	9	2	6	4	8
4	8	6	7	5	1	3	2	9
9	2	3	4	6	8	7	1	5
7	3	4	1	8	5	2	9	6
8	9	5	6	2	3	1	7	4
2	6	1	9	7	4	8	5	3

Puzzle #19 - Medium

6	3	4	9	1	7	2	8	5
9	1	2	8	5	4	3	6	7
5	8	7	6	3	2	4	1	9
8	9	3	2	7	6	5	4	1
7	4	5	1	9	3	8	2	6
1	2	6	5	4	8	7	9	3
3	5	1	4	2	9	6	7	8
4	6	9	7	8	5	1	3	2
2	7	8	3	6	1	9	5	4

Puzzle #20 - Medium

6	8	1	5	7	2	9	4	3
7	2	3	9	4	6	8	5	1
5	9	4	8	3	1	6	7	2
1	3	2	4	8	5	7	9	6
9	7	8	1	6	3	4	2	5
4	5	6	2	9	7	1	3	8
3	4	9	6	5	8	2	1	7
2	6	7	3	1	9	5	8	4
8	1	5	7	2	4	3	6	9

Puzzle #21 - Medium

1	6	2	4	8	3	5	9	7
8	9	7	5	2	6	3	4	1
5	4	3	7	1	9	2	8	6
9	5	4	6	3	1	7	2	8
2	7	8	9	4	5	6	1	3
3	1	6	2	7	8	9	5	4
7	3	9	1	5	4	8	6	2
6	8	1	3	9	2	4	7	5
4	2	5	8	6	7	1	3	9

Puzzle #22 - Medium

3	2	1	4	6	7	5	8	9
6	7	9	2	8	5	3	1	4
5	8	4	9	3	1	2	7	6
8	3	6	7	5	2	4	9	1
2	9	7	8	1	4	6	5	3
1	4	5	6	9	3	8	2	7
7	5	2	3	4	9	1	6	8
4	1	8	5	7	6	9	3	2
9	6	3	1	2	8	7	4	5

Puzzle #23 - Medium

9	3	8	2	6	5	1	7	4
4	2	6	7	1	8	5	3	9
7	1	5	3	9	4	6	2	8
1	6	4	8	7	3	2	9	5
5	9	2	1	4	6	3	8	7
3	8	7	9	5	2	4	1	6
6	7	9	4	2	1	8	5	3
2	5	3	6	8	7	9	4	1
8	4	1	5	3	9	7	6	2

Puzzle #24 - Medium

1	5	4	8	9	6	7	3	2
3	2	9	1	5	7	6	4	8
6	8	7	3	2	4	5	1	9
2	3	5	6	7	1	9	8	4
7	1	8	2	4	9	3	6	5
4	9	6	5	3	8	1	2	7
9	7	2	4	6	3	8	5	1
8	4	3	9	1	5	2	7	6
5	6	1	7	8	2	4	9	3

Puzzle #25 - Medium

4	2	9	6	3	5	7	8	1
6	7	3	1	2	8	5	4	9
8	5	1	4	7	9	6	3	2
5	1	8	3	9	2	4	7	6
9	6	2	7	8	4	3	1	5
7	3	4	5	6	1	9	2	8
3	4	5	2	1	6	8	9	7
1	9	6	8	4	7	2	5	3
2	8	7	9	5	3	1	6	4

Puzzle #26 - Medium

2	4	8	9	5	6	7	1	3
6	7	3	2	1	4	8	9	5
5	1	9	3	8	7	4	2	6
4	3	2	6	9	8	5	7	1
7	6	1	4	3	5	2	8	9
8	9	5	7	2	1	3	6	4
1	5	6	8	4	2	9	3	7
3	8	7	5	6	9	1	4	2
9	2	4	1	7	3	6	5	8

Puzzle #27 - Medium

7	5	2	3	1	6	8	4	9
4	3	6	8	9	5	7	2	1
8	1	9	7	4	2	6	5	3
9	4	8	6	3	7	2	1	5
6	2	1	9	5	8	4	3	7
3	7	5	1	2	4	9	6	8
2	8	4	5	7	1	3	9	6
1	9	7	4	6	3	5	8	2
5	6	3	2	8	9	1	7	4

Puzzle #28 - Medium

3	8	7	5	2	1	6	4	9
2	6	5	8	9	4	1	3	7
4	9	1	7	6	3	8	2	5
1	5	3	2	4	9	7	6	8
9	7	2	1	8	6	4	5	3
8	4	6	3	5	7	2	9	1
7	2	9	4	1	5	3	8	6
6	3	8	9	7	2	5	1	4
5	1	4	6	3	8	9	7	2

Puzzle #29 - Medium

3	5	4	8	9	2	1	6	7
9	7	1	4	3	6	5	2	8
6	8	2	5	7	1	3	9	4
8	4	9	3	2	5	6	7	1
2	1	3	9	6	7	4	8	5
7	6	5	1	8	4	2	3	9
4	2	8	7	5	3	9	1	6
1	9	6	2	4	8	7	5	3
5	3	7	6	1	9	8	4	2

Puzzle #30 - Medium

6	7	2	1	5	4	8	9	3
3	5	8	2	9	6	7	1	4
1	4	9	8	7	3	2	6	5
2	1	4	3	6	8	5	7	9
9	8	5	4	2	7	1	3	6
7	3	6	9	1	5	4	2	8
5	2	3	6	4	1	9	8	7
8	9	7	5	3	2	6	4	1
4	6	1	7	8	9	3	5	2

Puzzle #31 - Medium

7	4	9	3	2	6	5	1	8
3	6	1	8	4	5	9	2	7
2	5	8	9	7	1	3	6	4
6	3	2	4	1	9	8	7	5
5	1	4	6	8	7	2	9	3
9	8	7	2	5	3	6	4	1
1	9	3	5	6	4	7	8	2
8	7	5	1	9	2	4	3	6
4	2	6	7	3	8	1	5	9

Puzzle #32 - Medium

6	8	4	2	5	9	3	1	7
9	3	5	7	4	1	8	2	6
2	1	7	3	8	6	9	4	5
3	9	8	6	1	5	4	7	2
5	4	2	9	7	8	1	6	3
1	7	6	4	3	2	5	9	8
4	5	9	8	2	7	6	3	1
7	6	1	5	9	3	2	8	4
8	2	3	1	6	4	7	5	9

Puzzle #33 - Medium

3	9	1	8	7	6	2	4	5
6	5	7	4	2	1	3	8	9
2	4	8	5	3	9	7	6	1
1	2	4	7	6	5	8	9	3
8	6	5	9	1	3	4	2	7
7	3	9	2	8	4	1	5	6
4	7	6	1	9	8	5	3	2
5	1	3	6	4	2	9	7	8
9	8	2	3	5	7	6	1	4

Puzzle #34 - Medium

3	7	9	5	1	8	6	2	4
6	1	4	9	2	3	7	8	5
2	5	8	6	7	4	3	1	9
1	4	7	8	5	9	2	6	3
8	2	6	3	4	1	9	5	7
5	9	3	7	6	2	8	4	1
4	6	1	2	9	7	5	3	8
9	8	2	4	3	5	1	7	6
7	3	5	1	8	6	4	9	2

Puzzle #35 - Medium

2	6	8	4	9	3	1	5	7
7	4	9	2	1	5	8	6	3
3	5	1	8	7	6	4	9	2
4	8	2	3	6	7	5	1	9
9	3	5	1	4	8	7	2	6
1	7	6	5	2	9	3	4	8
8	9	4	7	5	2	6	3	1
6	1	3	9	8	4	2	7	5
5	2	7	6	3	1	9	8	4

Puzzle #36 - Medium

1	5	7	8	2	3	9	6	4
4	8	3	7	6	9	2	1	5
6	2	9	5	1	4	7	3	8
5	3	1	9	4	2	6	8	7
2	7	4	3	8	6	5	9	1
8	9	6	1	7	5	3	4	2
9	4	8	2	3	7	1	5	6
3	6	2	4	5	1	8	7	9
7	1	5	6	9	8	4	2	3

Puzzle #37 - Medium

5	1	3	6	8	4	2	7	9
4	7	9	5	3	2	1	8	6
2	8	6	1	9	7	3	5	4
6	4	1	3	5	8	7	9	2
7	2	5	9	4	6	8	3	1
3	9	8	7	2	1	6	4	5
1	6	4	8	7	9	5	2	3
9	3	7	2	1	5	4	6	8
8	5	2	4	6	3	9	1	7

Puzzle #38 - Medium

6	2	9	3	5	8	1	7	4
1	8	3	7	6	4	9	5	2
7	5	4	1	9	2	3	6	8
2	3	6	8	1	5	7	4	9
9	1	5	2	4	7	6	8	3
8	4	7	9	3	6	5	2	1
4	7	1	6	8	3	2	9	5
3	6	8	5	2	9	4	1	7
5	9	2	4	7	1	8	3	6

Puzzle #39 - Medium

8	9	7	5	2	4	6	1	3
2	5	4	3	6	1	7	9	8
3	6	1	7	9	8	2	4	5
4	3	8	1	5	2	9	7	6
1	2	5	6	7	9	8	3	4
9	7	6	4	8	3	5	2	1
7	8	3	9	4	5	1	6	2
6	4	2	8	1	7	3	5	9
5	1	9	2	3	6	4	8	7

Puzzle #40 - Medium

1	4	9	6	3	5	7	2	8
7	8	5	4	2	1	3	6	9
2	3	6	8	7	9	4	1	5
6	9	8	7	1	3	2	5	4
3	2	4	5	8	6	1	9	7
5	7	1	9	4	2	6	8	3
4	1	3	2	5	8	9	7	6
8	6	7	1	9	4	5	3	2
9	5	2	3	6	7	8	4	1

Puzzle #41 - Medium

1	9	7	8	2	6	5	3	4
6	3	4	1	5	7	8	9	2
5	2	8	3	4	9	1	7	6
2	7	5	9	6	1	3	4	8
8	1	9	4	3	2	6	5	7
4	6	3	5	7	8	9	2	1
3	5	2	6	1	4	7	8	9
7	8	1	2	9	3	4	6	5
9	4	6	7	8	5	2	1	3

Puzzle #42 - Medium

5	9	3	1	8	4	6	2	7
7	6	1	3	2	5	9	8	4
8	2	4	7	6	9	3	1	5
4	3	5	2	9	7	8	6	1
9	8	6	4	3	1	7	5	2
1	7	2	8	5	6	4	9	3
2	5	8	9	7	3	1	4	6
6	1	7	5	4	8	2	3	9
3	4	9	6	1	2	5	7	8

Puzzle #43 - Medium

9	7	6	3	8	4	5	1	2
5	2	3	1	6	9	8	4	7
1	4	8	7	2	5	9	3	6
4	5	7	2	9	8	3	6	1
3	9	1	5	7	6	4	2	8
6	8	2	4	1	3	7	5	9
2	1	4	8	5	7	6	9	3
8	3	9	6	4	1	2	7	5
7	6	5	9	3	2	1	8	4

Puzzle #44 - Medium

8	9	3	2	4	6	7	5	1
1	5	2	7	3	9	4	8	6
6	4	7	8	1	5	2	9	3
3	6	1	9	7	8	5	2	4
4	8	5	3	2	1	9	6	7
7	2	9	5	6	4	1	3	8
2	7	4	6	9	3	8	1	5
9	3	8	1	5	7	6	4	2
5	1	6	4	8	2	3	7	9

Puzzle #45 - Medium

5	1	7	9	2	3	8	6	4
2	4	6	8	7	5	9	1	3
9	8	3	6	1	4	2	5	7
7	9	2	1	5	6	4	3	8
4	3	5	2	8	7	1	9	6
8	6	1	3	4	9	5	7	2
1	5	4	7	6	2	3	8	9
6	2	9	5	3	8	7	4	1
3	7	8	4	9	1	6	2	5

Puzzle #46 - Medium

6	2	5	1	7	9	4	8	3
1	4	3	5	8	2	7	9	6
8	9	7	3	4	6	1	5	2
5	6	9	8	3	1	2	7	4
3	8	4	7	2	5	6	1	9
2	7	1	9	6	4	5	3	8
4	3	8	6	5	7	9	2	1
7	1	2	4	9	8	3	6	5
9	5	6	2	1	3	8	4	7

Puzzle #47 - Medium

4	2	8	1	5	3	9	7	6
6	5	7	8	9	2	1	3	4
3	1	9	4	7	6	2	5	8
7	6	1	9	3	8	5	4	2
9	8	5	7	2	4	3	6	1
2	4	3	6	1	5	7	8	9
8	3	2	5	4	1	6	9	7
5	9	6	2	8	7	4	1	3
1	7	4	3	6	9	8	2	5

Puzzle #48 - Medium

3	1	2	7	8	9	5	4	6
5	4	8	1	6	2	3	7	9
6	7	9	5	3	4	1	8	2
4	3	7	2	9	6	8	5	1
1	2	6	8	5	3	4	9	7
9	8	5	4	7	1	6	2	3
8	5	3	6	2	7	9	1	4
7	6	4	9	1	5	2	3	8
2	9	1	3	4	8	7	6	5

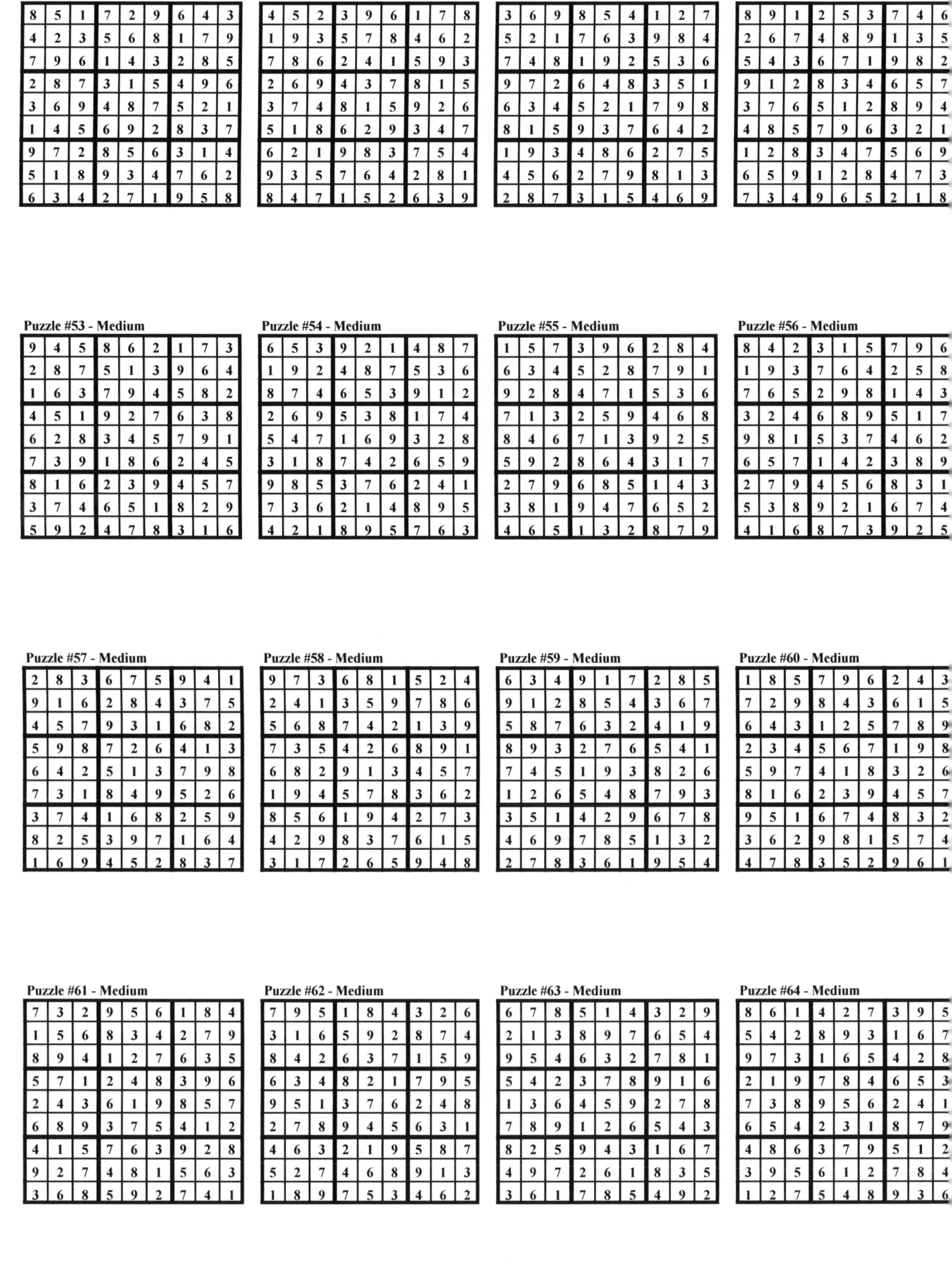

Puzzle #49 - Medium

8	5	1	7	2	9	6	4	3
4	2	3	5	6	8	1	7	9
7	9	6	1	4	3	2	8	5
2	8	7	3	1	5	4	9	6
3	6	9	4	8	7	5	2	1
1	4	5	6	9	2	8	3	7
9	7	2	8	5	6	3	1	4
5	1	8	9	3	4	7	6	2
6	3	4	2	7	1	9	5	8

Puzzle #50 - Medium

4	5	2	3	9	6	1	7	8
1	9	3	5	7	8	4	6	2
7	8	6	2	4	1	5	9	3
2	6	9	4	3	7	8	1	5
3	7	4	8	1	5	9	2	6
5	1	8	6	2	9	3	4	7
6	2	1	9	8	3	7	5	4
9	3	5	7	6	4	2	8	1
8	4	7	1	5	2	6	3	9

Puzzle #51 - Medium

3	6	9	8	5	4	1	2	7
5	2	1	7	6	3	9	8	4
7	4	8	1	9	2	5	3	6
9	7	2	6	4	8	3	5	1
6	3	4	5	2	1	7	9	8
8	1	5	9	3	7	6	4	2
1	9	3	4	8	6	2	7	5
4	5	6	2	7	9	8	1	3
2	8	7	3	1	5	4	6	9

Puzzle #52 - Medium

8	9	1	2	5	3	7	4	6
2	6	7	4	8	9	1	3	5
5	4	3	6	7	1	9	8	2
9	1	2	8	3	4	6	5	7
3	7	6	5	1	2	8	9	4
4	8	5	7	9	6	3	2	1
1	2	8	3	4	7	5	6	9
6	5	9	1	2	8	4	7	3
7	3	4	9	6	5	2	1	8

Puzzle #53 - Medium

9	4	5	8	6	2	1	7	3
2	8	7	5	1	3	9	6	4
1	6	3	7	9	4	5	8	2
4	5	1	9	2	7	6	3	8
6	2	8	3	4	5	7	9	1
7	3	9	1	8	6	2	4	5
8	1	6	2	3	9	4	5	7
3	7	4	6	5	1	8	2	9
5	9	2	4	7	8	3	1	6

Puzzle #54 - Medium

6	5	3	9	2	1	4	8	7
1	9	2	4	8	7	5	3	6
8	7	4	6	5	3	9	1	2
2	6	9	5	3	8	1	7	4
5	4	7	1	6	9	3	2	8
3	1	8	7	4	2	6	5	9
9	8	5	3	7	6	2	4	1
7	3	6	2	1	4	8	9	5
4	2	1	8	9	5	7	6	3

Puzzle #55 - Medium

1	5	7	3	9	6	2	8	4
6	3	4	5	2	8	7	9	1
9	2	8	4	7	1	5	3	6
7	1	3	2	5	9	4	6	8
8	4	6	7	1	3	9	2	5
5	9	2	8	6	4	3	1	7
2	7	9	6	8	5	1	4	3
3	8	1	9	4	7	6	5	2
4	6	5	1	3	2	8	7	9

Puzzle #56 - Medium

8	4	2	3	1	5	7	9	6
1	9	3	7	6	4	2	5	8
7	6	5	2	9	8	1	4	3
3	2	4	6	8	9	5	1	7
9	8	1	5	3	7	4	6	2
6	5	7	1	4	2	3	8	9
2	7	9	4	5	6	8	3	1
5	3	8	9	2	1	6	7	4
4	1	6	8	7	3	9	2	5

Puzzle #57 - Medium

2	8	3	6	7	5	9	4	1
9	1	6	2	8	4	3	7	5
4	5	7	9	3	1	6	8	2
5	9	8	7	2	6	4	1	3
6	4	2	5	1	3	7	9	8
7	3	1	8	4	9	5	2	6
3	7	4	1	6	8	2	5	9
8	2	5	3	9	7	1	6	4
1	6	9	4	5	2	8	3	7

Puzzle #58 - Medium

9	7	3	6	8	1	5	2	4
2	4	1	3	5	9	7	8	6
5	6	8	7	4	2	1	3	9
7	3	5	4	2	6	8	9	1
6	8	2	9	1	3	4	5	7
1	9	4	5	7	8	3	6	2
8	5	6	1	9	4	2	7	3
4	2	9	8	3	7	6	1	5
3	1	7	2	6	5	9	4	8

Puzzle #59 - Medium

6	3	4	9	1	7	2	8	5
9	1	2	8	5	4	3	6	7
5	8	7	6	3	2	4	1	9
8	9	3	2	7	6	5	4	1
7	4	5	1	9	3	8	2	6
1	2	6	5	4	8	7	9	3
3	5	1	4	2	9	6	7	8
4	6	9	7	8	5	1	3	2
2	7	8	3	6	1	9	5	4

Puzzle #60 - Medium

1	8	5	7	9	6	2	4	3
7	2	9	8	4	3	6	1	5
6	4	3	1	2	5	7	8	9
2	3	4	5	6	7	1	9	8
5	9	7	4	1	8	3	2	6
8	1	6	2	3	9	4	5	7
9	5	1	6	7	4	8	3	2
3	6	2	9	8	1	5	7	4
4	7	8	3	5	2	9	6	1

Puzzle #61 - Medium

7	3	2	9	5	6	1	8	4
1	5	6	8	3	4	2	7	9
8	9	4	1	2	7	6	3	5
5	7	1	2	4	8	3	9	6
2	4	3	6	1	9	8	5	7
6	8	9	3	7	5	4	1	2
4	1	5	7	6	3	9	2	8
9	2	7	4	8	1	5	6	3
3	6	8	5	9	2	7	4	1

Puzzle #62 - Medium

7	9	5	1	8	4	3	2	6
3	1	6	5	9	2	8	7	4
8	4	2	6	3	7	1	5	9
6	3	4	8	2	1	7	9	5
9	5	1	3	7	6	2	4	8
2	7	8	9	4	5	6	3	1
4	6	3	2	1	9	5	8	7
5	2	7	4	6	8	9	1	3
1	8	9	7	5	3	4	6	2

Puzzle #63 - Medium

6	7	8	5	1	4	3	2	9
2	1	3	8	9	7	6	5	4
9	5	4	6	3	2	7	8	1
5	4	2	3	7	8	9	1	6
1	3	6	4	5	9	2	7	8
7	8	9	1	2	6	5	4	3
8	2	5	9	4	3	1	6	7
4	9	7	2	6	1	8	3	5
3	6	1	7	8	5	4	9	2

Puzzle #64 - Medium

8	6	1	4	2	7	3	9	5
5	4	2	8	9	3	1	6	7
9	7	3	1	6	5	4	2	8
2	1	9	7	8	4	6	5	3
7	3	8	9	5	6	2	4	1
6	5	4	2	3	1	8	7	9
4	8	6	3	7	9	5	1	2
3	9	5	6	1	2	7	8	4
1	2	7	5	4	8	9	3	6

uzzle #65 - Medium

2	7	5	4	9	6	3	1
6	5	1	3	8	4	2	7
1	3	6	2	7	5	9	8
3	2	8	1	5	9	6	4
4	1	2	9	6	8	7	3
9	8	3	7	4	1	5	2
5	6	4	8	3	7	1	9
8	9	7	5	1	2	4	6
7	4	9	6	2	3	8	5

Puzzle #66 - Medium

3	7	2	9	5	8	6	1	4
6	4	5	3	1	7	8	2	9
1	8	9	6	2	4	5	7	3
2	5	4	1	8	3	7	9	6
8	6	7	4	9	5	1	3	2
9	3	1	7	6	2	4	8	5
5	1	3	8	4	9	2	6	7
4	9	8	2	7	6	3	5	1
7	2	6	5	3	1	9	4	8

Puzzle #67 - Medium

8	4	2	7	5	9	3	1	6
6	1	5	3	2	4	8	9	7
7	3	9	6	1	8	2	5	4
1	6	8	5	7	2	9	4	3
4	5	7	9	3	1	6	8	2
2	9	3	4	8	6	5	7	1
3	7	6	1	9	5	4	2	8
9	8	4	2	6	7	1	3	5
5	2	1	8	4	3	7	6	9

Puzzle #68 - Medium

5	1	7	9	2	8	3	6	4
6	8	4	3	5	1	2	7	9
9	2	3	4	7	6	5	1	8
8	9	5	2	1	4	7	3	6
3	7	2	6	8	5	4	9	1
1	4	6	7	9	3	8	2	5
2	5	8	1	3	9	6	4	7
4	3	9	5	6	7	1	8	2
7	6	1	8	4	2	9	5	3

uzzle #69 - Medium

1	9	3	7	4	8	2	6
7	4	8	1	2	5	9	3
3	8	6	5	9	1	7	4
8	6	2	3	5	9	4	7
4	3	1	9	6	2	8	5
5	2	4	8	7	3	6	1
6	5	7	2	3	4	1	9
9	1	5	6	8	7	3	2
2	7	9	4	1	6	5	8

Puzzle #70 - Medium

5	7	8	2	9	3	6	1	4
3	1	4	6	7	8	2	9	5
6	9	2	1	5	4	3	7	8
1	4	3	5	6	7	8	2	9
2	6	7	9	8	1	4	5	3
8	5	9	3	4	2	7	6	1
7	3	1	4	2	5	9	8	6
9	2	5	8	3	6	1	4	7
4	8	6	7	1	9	5	3	2

Puzzle #71 - Medium

7	1	2	8	4	3	6	9	5
3	9	5	6	7	2	8	4	1
6	4	8	9	5	1	2	3	7
8	7	6	2	3	9	5	1	4
1	2	9	5	6	4	3	7	8
4	5	3	7	1	8	9	2	6
2	3	7	4	8	6	1	5	9
5	8	1	3	9	7	4	6	2
9	6	4	1	2	5	7	8	3

Puzzle #72 - Medium

3	5	2	4	8	6	1	9	7
8	9	7	5	1	2	3	4	6
4	6	1	3	9	7	2	8	5
2	1	8	7	5	3	4	6	9
6	3	4	9	2	8	7	5	1
9	7	5	1	6	4	8	3	2
7	2	9	8	4	5	6	1	3
5	8	3	6	7	1	9	2	4
1	4	6	2	3	9	5	7	8

uzzle #73 - Medium

3	7	5	6	1	9	4	8
6	4	7	2	9	1	5	3
9	1	4	3	8	7	6	2
2	3	6	9	5	8	7	4
5	9	8	7	4	2	3	1
7	8	2	1	3	5	9	6
1	2	9	4	6	3	8	5
4	5	3	8	2	6	1	7
8	6	1	5	7	4	2	9

Puzzle #74 - Medium

7	6	2	9	1	4	5	8	3
1	8	3	5	7	2	9	6	4
9	4	5	8	6	3	2	7	1
3	2	8	4	9	5	7	1	6
6	1	4	2	3	7	8	5	9
5	9	7	6	8	1	3	4	2
2	7	1	3	4	8	6	9	5
4	3	6	7	5	9	1	2	8
8	5	9	1	2	6	4	3	7

Puzzle #75 - Medium

9	8	6	4	3	7	5	2	1
5	3	2	1	6	9	8	7	4
7	1	4	2	5	8	3	9	6
2	5	1	8	7	6	4	3	9
6	9	3	5	1	4	2	8	7
4	7	8	9	2	3	1	6	5
3	4	5	6	9	2	7	1	8
8	2	9	7	4	1	6	5	3
1	6	7	3	8	5	9	4	2

Puzzle #76 - Medium

5	4	3	9	1	7	2	6	8
9	8	6	5	3	2	1	7	4
7	1	2	8	6	4	9	5	3
3	2	5	6	4	1	7	8	9
1	6	8	7	5	9	3	4	2
4	9	7	2	8	3	6	1	5
2	7	4	1	9	5	8	3	6
6	3	9	4	7	8	5	2	1
8	5	1	3	2	6	4	9	7

uzzle #77 - Medium

9	2	4	3	7	6	8	5
7	4	5	8	1	9	2	3
8	3	6	9	2	7	4	1
6	7	2	5	3	1	9	8
1	8	9	7	6	5	3	4
5	9	1	4	8	2	7	6
4	1	8	2	5	3	6	9
2	5	3	6	9	4	1	7
3	6	7	1	4	8	5	2

Puzzle #78 - Medium

6	9	5	1	4	2	8	3	7
2	3	4	8	7	9	1	5	6
8	1	7	3	5	6	9	4	2
4	2	3	5	9	7	6	1	8
7	8	6	4	3	1	5	2	9
1	5	9	6	2	8	3	7	4
5	6	8	7	1	4	2	9	3
9	4	1	2	6	3	7	8	5
3	7	2	9	8	5	4	6	1

Puzzle #79 - Medium

9	7	1	3	4	8	6	5	2
5	4	3	2	6	1	7	9	8
8	6	2	9	7	5	4	3	1
1	2	7	4	9	3	5	8	6
6	9	5	7	8	2	3	1	4
4	3	8	1	5	6	9	2	7
7	5	4	8	2	9	1	6	3
2	1	9	6	3	7	8	4	5
3	8	6	5	1	4	2	7	9

Puzzle #80 - Medium

3	6	9	8	2	4	1	5	7
7	2	4	5	1	9	6	3	8
8	1	5	3	6	7	2	9	4
5	9	7	2	8	1	3	4	6
2	8	3	7	4	6	5	1	9
6	4	1	9	3	5	8	7	2
9	7	2	6	5	3	4	8	1
4	5	8	1	7	2	9	6	3
1	3	6	4	9	8	7	2	5

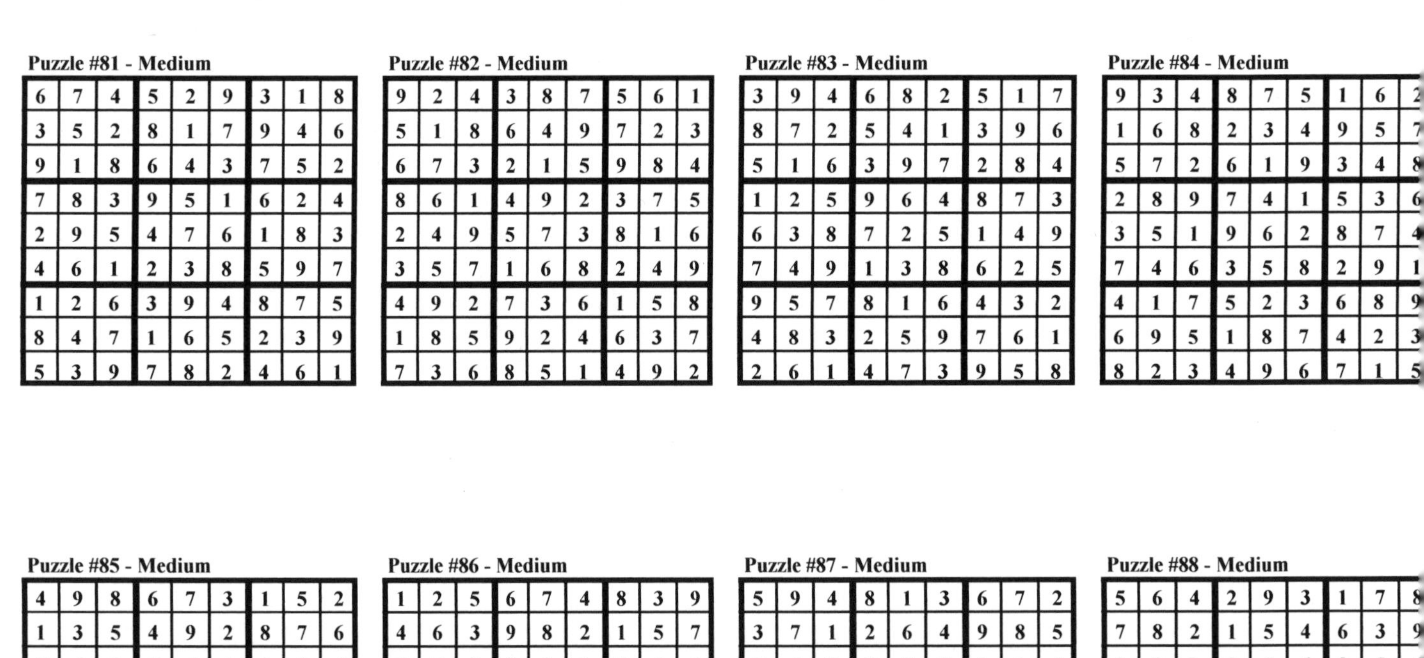

Puzzle #81 - Medium

6	7	4	5	2	9	3	1	8
3	5	2	8	1	7	9	4	6
9	1	8	6	4	3	7	5	2
7	8	3	9	5	1	6	2	4
2	9	5	4	7	6	1	8	3
4	6	1	2	3	8	5	9	7
1	2	6	3	9	4	8	7	5
8	4	7	1	6	5	2	3	9
5	3	9	7	8	2	4	6	1

Puzzle #82 - Medium

9	2	4	3	8	7	5	6	1
5	1	8	6	4	9	7	2	3
6	7	3	2	1	5	9	8	4
8	6	1	4	9	2	3	7	5
2	4	9	5	7	3	8	1	6
3	5	7	1	6	8	2	4	9
4	9	2	7	3	6	1	5	8
1	8	5	9	2	4	6	3	7
7	3	6	8	5	1	4	9	2

Puzzle #83 - Medium

3	9	4	6	8	2	5	1	7
8	7	2	5	4	1	3	9	6
5	1	6	3	9	7	2	8	4
1	2	5	9	6	4	8	7	3
6	3	8	7	2	5	1	4	9
7	4	9	1	3	8	6	2	5
9	5	7	8	1	6	4	3	2
4	8	3	2	5	9	7	6	1
2	6	1	4	7	3	9	5	8

Puzzle #84 - Medium

9	3	4	8	7	5	1	6	2
1	6	8	2	3	4	9	5	7
5	7	2	6	1	9	3	4	8
2	8	9	7	4	1	5	3	6
3	5	1	9	6	2	8	7	4
7	4	6	3	5	8	2	9	1
4	1	7	5	2	3	6	8	9
6	9	5	1	8	7	4	2	3
8	2	3	4	9	6	7	1	5

Puzzle #85 - Medium

4	9	8	6	7	3	1	5	2
1	3	5	4	9	2	8	7	6
7	6	2	5	8	1	9	3	4
6	4	3	1	5	9	2	8	7
9	8	7	2	4	6	3	1	5
5	2	1	8	3	7	6	4	9
3	7	4	9	2	8	5	6	1
8	1	9	7	6	5	4	2	3
2	5	6	3	1	4	7	9	8

Puzzle #86 - Medium

1	2	5	6	7	4	8	3	9
4	6	3	9	8	2	1	5	7
9	7	8	5	3	1	2	6	4
7	9	2	8	4	3	5	1	6
6	3	1	7	2	5	4	9	8
8	5	4	1	6	9	7	2	3
3	4	9	2	1	8	6	7	5
2	8	6	3	5	7	9	4	1
5	1	7	4	9	6	3	8	2

Puzzle #87 - Medium

5	9	4	8	1	3	6	7	2
3	7	1	2	6	4	9	8	5
8	6	2	7	5	9	3	1	4
6	2	8	3	4	1	5	9	7
4	5	9	6	7	8	1	2	3
7	1	3	5	9	2	4	6	8
1	8	5	4	2	6	7	3	9
2	4	6	9	3	7	8	5	1
9	3	7	1	8	5	2	4	6

Puzzle #88 - Medium

5	6	4	2	9	3	1	7	8
7	8	2	1	5	4	6	3	9
9	3	1	8	7	6	2	5	4
8	7	5	4	6	1	3	9	2
4	2	9	3	8	7	5	6	1
6	1	3	9	2	5	4	8	7
3	9	8	5	1	2	7	4	6
2	5	6	7	4	8	9	1	3
1	4	7	6	3	9	8	2	5

Puzzle #89 - Medium

4	6	8	5	2	7	3	1	9
9	7	3	6	1	8	5	2	4
2	5	1	9	4	3	8	7	6
7	3	4	8	9	2	6	5	1
6	8	9	7	5	1	2	4	3
1	2	5	4	3	6	7	9	8
3	4	6	2	7	9	1	8	5
5	1	7	3	8	4	9	6	2
8	9	2	1	6	5	4	3	7

Puzzle #90 - Medium

8	2	3	4	7	6	5	1	9
5	9	4	8	3	1	2	6	7
6	7	1	5	9	2	8	3	4
3	8	2	7	6	4	1	9	5
4	1	6	3	5	9	7	8	2
7	5	9	2	1	8	3	4	6
2	3	8	6	4	7	9	5	1
1	6	7	9	8	5	4	2	3
9	4	5	1	2	3	6	7	8

Puzzle #91 - Medium

6	7	9	8	2	4	5	3	1
2	5	3	7	9	1	6	4	8
1	8	4	6	5	3	2	7	9
8	4	2	9	1	5	7	6	3
3	1	7	2	8	6	9	5	4
9	6	5	3	4	7	1	8	2
5	2	8	4	6	9	3	1	7
4	3	1	5	7	2	8	9	6
7	9	6	1	3	8	4	2	5

Puzzle #92 - Medium

3	6	4	7	1	9	2	5	[illegible]
9	7	5	8	2	3	1	4	[illegible]
1	2	8	4	6	5	9	7	[illegible]
5	9	2	1	8	4	3	6	[illegible]
4	8	1	6	3	7	5	2	[illegible]
7	3	6	9	5	2	8	1	[illegible]
8	5	7	3	4	1	6	9	[illegible]
2	4	3	5	9	6	7	8	[illegible]
6	1	9	2	7	8	4	3	[illegible]

Puzzle #93 - Medium

9	6	8	5	7	3	2	1	4
3	2	4	8	1	9	6	7	5
7	5	1	4	2	6	3	8	9
8	4	7	1	5	2	9	3	6
2	1	3	9	6	4	7	5	8
6	9	5	3	8	7	4	2	1
1	7	9	2	4	8	5	6	3
4	8	6	7	3	5	1	9	2
5	3	2	6	9	1	8	4	7

Puzzle #94 - Medium

7	3	8	5	2	6	1	9	4
1	4	6	9	3	8	2	5	7
9	5	2	1	4	7	8	6	3
6	1	4	3	8	2	9	7	5
5	7	9	4	6	1	3	2	8
8	2	3	7	9	5	4	1	6
2	8	5	6	1	3	7	4	9
3	9	7	2	5	4	6	8	1
4	6	1	8	7	9	5	3	2

Puzzle #95 - Medium

9	7	2	3	1	8	5	6	4
6	1	4	7	9	5	2	3	8
8	5	3	4	6	2	9	1	7
5	4	8	2	7	1	6	9	3
7	9	1	6	4	3	8	2	5
3	2	6	8	5	9	7	4	1
2	8	5	9	3	4	1	7	6
1	3	7	5	2	6	4	8	9
4	6	9	1	8	7	3	5	2

Puzzle #96 - Medium

5	1	9	2	4	6	7	3	[illegible]
6	7	4	3	5	8	9	2	[illegible]
2	3	8	9	7	1	5	4	[illegible]
8	9	1	4	3	5	2	6	[illegible]
3	2	6	1	9	7	4	8	[illegible]
4	5	7	8	6	2	3	1	[illegible]
1	8	3	7	2	9	6	5	[illegible]
9	4	5	6	1	3	8	7	[illegible]
7	6	2	5	8	4	1	9	[illegible]

Puzzle #97 - Medium

6	8	2	7	1	4	3	5	9
7	3	5	6	2	9	1	4	8
1	4	9	5	8	3	6	2	7
9	1	4	2	3	7	8	6	5
8	2	7	9	5	6	4	3	1
3	5	6	8	4	1	7	9	2
5	7	3	1	6	2	9	8	4
2	6	1	4	9	8	5	7	3
4	9	8	3	7	5	2	1	6

Puzzle #98 - Medium

3	8	5	7	2	1	9	6	4
9	7	6	4	3	8	1	5	2
1	2	4	6	9	5	8	3	7
6	5	2	9	8	7	3	4	1
7	4	1	3	5	2	6	9	8
8	3	9	1	4	6	2	7	5
5	6	8	2	7	3	4	1	9
4	1	7	8	6	9	5	2	3
2	9	3	5	1	4	7	8	6

Puzzle #99 - Medium

1	9	6	3	2	7	4	5	8
2	8	4	5	6	1	9	7	3
5	3	7	9	4	8	1	2	6
3	4	1	2	8	9	5	6	7
9	2	5	7	3	6	8	4	1
7	6	8	4	1	5	2	3	9
6	5	3	1	9	2	7	8	4
4	7	9	8	5	3	6	1	2
8	1	2	6	7	4	3	9	5

Puzzle #100 - Medium

8	1	9	6	7	2	4	5	3
7	6	2	4	3	5	8	1	9
4	5	3	1	8	9	7	2	6
6	3	8	5	9	4	2	7	1
1	9	5	7	2	6	3	8	4
2	4	7	3	1	8	6	9	5
3	2	6	9	5	7	1	4	8
5	8	1	2	4	3	9	6	7
9	7	4	8	6	1	5	3	2

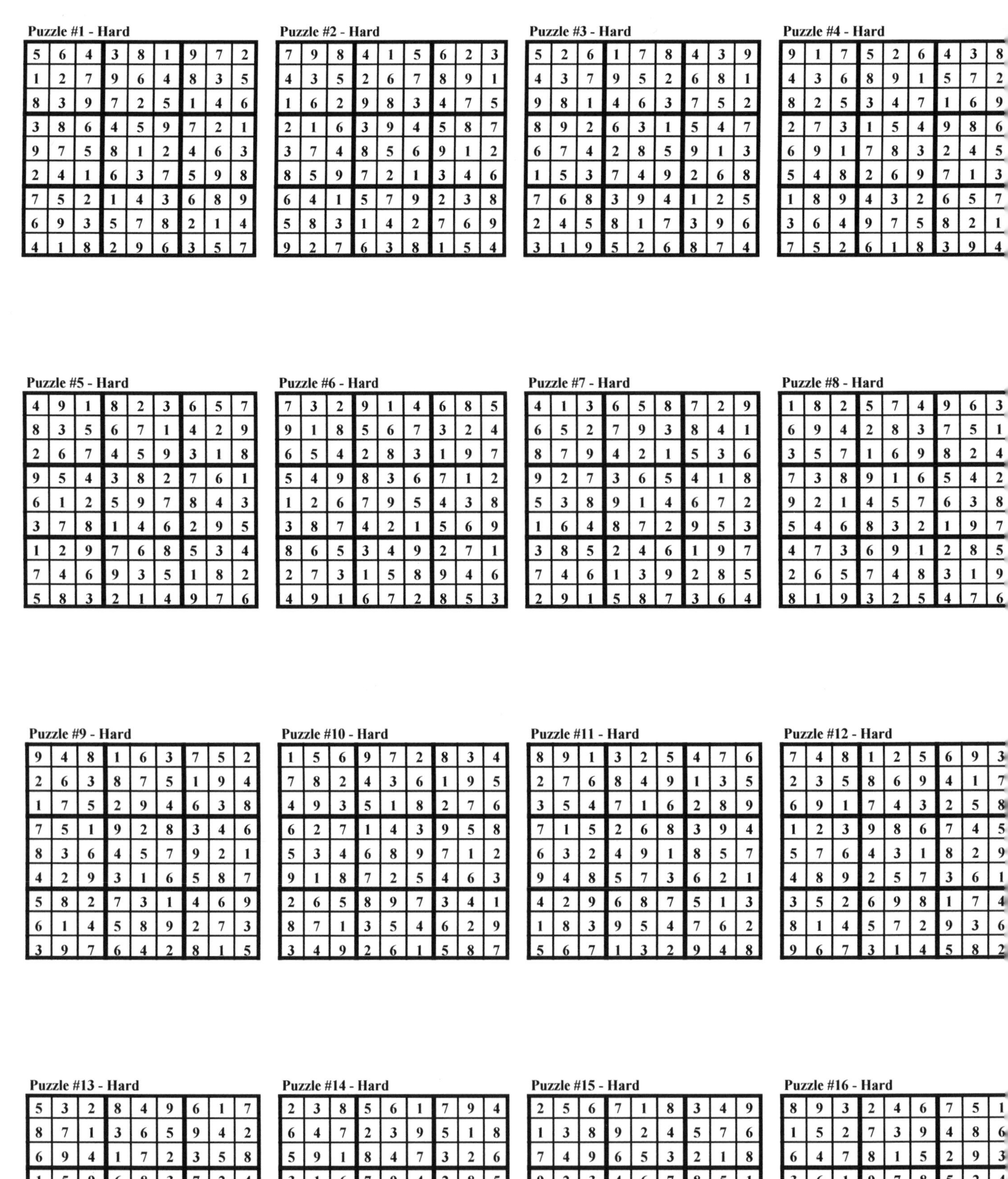

Puzzle #1 - Hard

5	6	4	3	8	1	9	7	2
1	2	7	9	6	4	8	3	5
8	3	9	7	2	5	1	4	6
3	8	6	4	5	9	7	2	1
9	7	5	8	1	2	4	6	3
2	4	1	6	3	7	5	9	8
7	5	2	1	4	3	6	8	9
6	9	3	5	7	8	2	1	4
4	1	8	2	9	6	3	5	7

Puzzle #2 - Hard

7	9	8	4	1	5	6	2	3
4	3	5	2	6	7	8	9	1
1	6	2	9	8	3	4	7	5
2	1	6	3	9	4	5	8	7
3	7	4	8	5	6	9	1	2
8	5	9	7	2	1	3	4	6
6	4	1	5	7	9	2	3	8
5	8	3	1	4	2	7	6	9
9	2	7	6	3	8	1	5	4

Puzzle #3 - Hard

5	2	6	1	7	8	4	3	9
4	3	7	9	5	2	6	8	1
9	8	1	4	6	3	7	5	2
8	9	2	6	3	1	5	4	7
6	7	4	2	8	5	9	1	3
1	5	3	7	4	9	2	6	8
7	6	8	3	9	4	1	2	5
2	4	5	8	1	7	3	9	6
3	1	9	5	2	6	8	7	4

Puzzle #4 - Hard

9	1	7	5	2	6	4	3	8
4	3	6	8	9	1	5	7	2
8	2	5	3	4	7	1	6	9
2	7	3	1	5	4	9	8	6
6	9	1	7	8	3	2	4	5
5	4	8	2	6	9	7	1	3
1	8	9	4	3	2	6	5	7
3	6	4	9	7	5	8	2	1
7	5	2	6	1	8	3	9	4

Puzzle #5 - Hard

4	9	1	8	2	3	6	5	7
8	3	5	6	7	1	4	2	9
2	6	7	4	5	9	3	1	8
9	5	4	3	8	2	7	6	1
6	1	2	5	9	7	8	4	3
3	7	8	1	4	6	2	9	5
1	2	9	7	6	8	5	3	4
7	4	6	9	3	5	1	8	2
5	8	3	2	1	4	9	7	6

Puzzle #6 - Hard

7	3	2	9	1	4	6	8	5
9	1	8	5	6	7	3	2	4
6	5	4	2	8	3	1	9	7
5	4	9	8	3	6	7	1	2
1	2	6	7	9	5	4	3	8
3	8	7	4	2	1	5	6	9
8	6	5	3	4	9	2	7	1
2	7	3	1	5	8	9	4	6
4	9	1	6	7	2	8	5	3

Puzzle #7 - Hard

4	1	3	6	5	8	7	2	9
6	5	2	7	9	3	8	4	1
8	7	9	4	2	1	5	3	6
9	2	7	3	6	5	4	1	8
5	3	8	9	1	4	6	7	2
1	6	4	8	7	2	9	5	3
3	8	5	2	4	6	1	9	7
7	4	6	1	3	9	2	8	5
2	9	1	5	8	7	3	6	4

Puzzle #8 - Hard

1	8	2	5	7	4	9	6	3
6	9	4	2	8	3	7	5	1
3	5	7	1	6	9	8	2	4
7	3	8	9	1	6	5	4	2
9	2	1	4	5	7	6	3	8
5	4	6	8	3	2	1	9	7
4	7	3	6	9	1	2	8	5
2	6	5	7	4	8	3	1	9
8	1	9	3	2	5	4	7	6

Puzzle #9 - Hard

9	4	8	1	6	3	7	5	2
2	6	3	8	7	5	1	9	4
1	7	5	2	9	4	6	3	8
7	5	1	9	2	8	3	4	6
8	3	6	4	5	7	9	2	1
4	2	9	3	1	6	5	8	7
5	8	2	7	3	1	4	6	9
6	1	4	5	8	9	2	7	3
3	9	7	6	4	2	8	1	5

Puzzle #10 - Hard

1	5	6	9	7	2	8	3	4
7	8	2	4	3	6	1	9	5
4	9	3	5	1	8	2	7	6
6	2	7	1	4	3	9	5	8
5	3	4	6	8	9	7	1	2
9	1	8	7	2	5	4	6	3
2	6	5	8	9	7	3	4	1
8	7	1	3	5	4	6	2	9
3	4	9	2	6	1	5	8	7

Puzzle #11 - Hard

8	9	1	3	2	5	4	7	6
2	7	6	8	4	9	1	3	5
3	5	4	7	1	6	2	8	9
7	1	5	2	6	8	3	9	4
6	3	2	4	9	1	8	5	7
9	4	8	5	7	3	6	2	1
4	2	9	6	8	7	5	1	3
1	8	3	9	5	4	7	6	2
5	6	7	1	3	2	9	4	8

Puzzle #12 - Hard

7	4	8	1	2	5	6	9	3
2	3	5	8	6	9	4	1	7
6	9	1	7	4	3	2	5	8
1	2	3	9	8	6	7	4	5
5	7	6	4	3	1	8	2	9
4	8	9	2	5	7	3	6	1
3	5	2	6	9	8	1	7	4
8	1	4	5	7	2	9	3	6
9	6	7	3	1	4	5	8	2

Puzzle #13 - Hard

5	3	2	8	4	9	6	1	7
8	7	1	3	6	5	9	4	2
6	9	4	1	7	2	3	5	8
1	5	9	6	8	3	7	2	4
3	4	7	5	2	1	8	6	9
2	8	6	7	9	4	1	3	5
9	1	5	4	3	8	2	7	6
7	2	3	9	5	6	4	8	1
4	6	8	2	1	7	5	9	3

Puzzle #14 - Hard

2	3	8	5	6	1	7	9	4
6	4	7	2	3	9	5	1	8
5	9	1	8	4	7	3	2	6
3	1	6	7	9	4	2	8	5
8	5	4	1	2	3	6	7	9
9	7	2	6	5	8	4	3	1
4	6	3	9	1	2	8	5	7
1	8	5	3	7	6	9	4	2
7	2	9	4	8	5	1	6	3

Puzzle #15 - Hard

2	5	6	7	1	8	3	4	9
1	3	8	9	2	4	5	7	6
7	4	9	6	5	3	2	1	8
9	2	3	4	6	7	8	5	1
8	1	7	2	9	5	6	3	4
5	6	4	3	8	1	9	2	7
6	7	2	5	4	9	1	8	3
3	8	5	1	7	6	4	9	2
4	9	1	8	3	2	7	6	5

Puzzle #16 - Hard

8	9	3	2	4	6	7	5	1
1	5	2	7	3	9	4	8	6
6	4	7	8	1	5	2	9	3
3	6	1	9	7	8	5	2	4
4	8	5	3	2	1	9	6	7
7	2	9	5	6	4	1	3	8
2	7	4	6	9	3	8	1	5
9	3	8	1	5	7	6	4	2
5	1	6	4	8	2	3	7	9

Puzzle #17 - Hard

2	6	9	4	8	1	5	7	3
7	8	1	5	2	3	4	9	6
4	3	5	6	9	7	8	1	2
8	9	2	1	4	5	6	3	7
5	1	7	2	3	6	9	4	8
6	4	3	8	7	9	1	2	5
1	2	4	7	6	8	3	5	9
9	7	8	3	5	4	2	6	1
3	5	6	9	1	2	7	8	4

Puzzle #18 - Hard

5	2	7	4	1	6	9	3	8
8	6	4	3	2	9	1	5	7
1	3	9	5	7	8	6	4	2
2	9	1	8	5	4	3	7	6
3	4	8	6	9	7	5	2	1
6	7	5	1	3	2	4	8	9
7	1	2	9	4	5	8	6	3
4	8	3	2	6	1	7	9	5
9	5	6	7	8	3	2	1	4

Puzzle #19 - Hard

8	5	6	9	1	4	7	3	2
1	7	4	8	3	2	9	6	5
9	3	2	7	5	6	1	4	8
4	1	3	5	9	8	2	7	6
7	2	8	1	6	3	5	9	4
6	9	5	4	2	7	8	1	3
2	4	9	6	7	5	3	8	1
3	8	1	2	4	9	6	5	7
5	6	7	3	8	1	4	2	9

Puzzle #20 - Hard

8	2	6	9	3	4	5	7	1
9	3	5	2	1	7	4	6	8
4	7	1	5	8	6	9	2	3
1	5	4	8	6	2	3	9	7
7	8	2	4	9	3	1	5	6
3	6	9	1	7	5	8	4	2
2	4	8	7	5	1	6	3	9
6	1	7	3	4	9	2	8	5
5	9	3	6	2	8	7	1	4

Puzzle #21 - Hard

5	6	7	3	4	9	8	2	1
8	4	3	1	5	2	6	9	7
9	2	1	6	8	7	3	4	5
7	9	5	8	3	4	2	1	6
4	3	6	2	7	1	5	8	9
1	8	2	5	9	6	7	3	4
3	7	8	9	1	5	4	6	2
6	5	9	4	2	8	1	7	3
2	1	4	7	6	3	9	5	8

Puzzle #22 - Hard

8	1	9	4	6	2	3	7	5
4	2	7	5	3	1	9	8	6
6	5	3	8	9	7	2	1	4
9	3	6	7	2	4	8	5	1
2	7	8	1	5	6	4	9	3
5	4	1	9	8	3	7	6	2
7	8	2	6	4	5	1	3	9
1	6	4	3	7	9	5	2	8
3	9	5	2	1	8	6	4	7

Puzzle #23 - Hard

9	4	2	8	1	3	7	5	6
6	3	7	9	2	5	1	8	4
8	1	5	6	7	4	3	2	9
1	5	4	3	6	7	2	9	8
3	2	8	1	4	9	6	7	5
7	9	6	2	5	8	4	1	3
5	8	1	4	3	2	9	6	7
4	6	9	7	8	1	5	3	2
2	7	3	5	9	6	8	4	1

Puzzle #24 - Hard

2	8	4	9	6	1	5	7	3
7	6	5	3	2	8	1	9	4
3	1	9	4	7	5	8	2	6
6	5	2	1	3	4	7	8	9
8	3	7	5	9	2	4	6	1
9	4	1	6	8	7	3	5	2
4	7	6	2	5	3	9	1	8
5	2	3	8	1	9	6	4	7
1	9	8	7	4	6	2	3	5

Puzzle #25 - Hard

3	1	7	4	6	5	9	2	8
4	9	5	8	3	2	1	7	6
2	8	6	9	1	7	5	3	4
6	5	8	3	7	4	2	1	9
1	4	2	5	8	9	7	6	3
7	3	9	1	2	6	8	4	5
9	6	1	7	5	3	4	8	2
8	2	4	6	9	1	3	5	7
5	7	3	2	4	8	6	9	1

Puzzle #26 - Hard

1	4	9	8	5	7	3	2	6
7	2	3	1	6	9	4	8	5
5	6	8	2	3	4	7	1	9
4	8	2	3	7	6	5	9	1
6	9	1	4	8	5	2	7	3
3	7	5	9	1	2	6	4	8
9	3	4	6	2	8	1	5	7
2	5	6	7	9	1	8	3	4
8	1	7	5	4	3	9	6	2

Puzzle #27 - Hard

1	7	6	5	4	9	2	8	3
8	5	3	1	7	2	4	9	6
2	9	4	3	8	6	1	5	7
5	4	2	7	9	1	3	6	8
9	3	8	6	2	5	7	4	1
6	1	7	4	3	8	9	2	5
4	6	5	9	1	7	8	3	2
3	2	1	8	6	4	5	7	9
7	8	9	2	5	3	6	1	4

Puzzle #28 - Hard

2	3	5	8	1	7	4	6	9
9	6	7	3	4	2	8	1	5
1	8	4	5	9	6	7	2	3
5	1	8	6	2	3	9	4	7
3	4	6	9	7	1	5	8	2
7	2	9	4	5	8	6	3	1
4	5	3	2	6	9	1	7	8
8	9	1	7	3	4	2	5	6
6	7	2	1	8	5	3	9	4

Puzzle #29 - Hard

7	1	2	5	8	4	6	3	9
9	4	6	1	7	3	5	8	2
5	3	8	2	6	9	7	1	4
1	2	7	8	4	6	3	9	5
8	9	4	3	5	1	2	7	6
3	6	5	7	9	2	8	4	1
2	7	9	4	3	5	1	6	8
4	5	3	6	1	8	9	2	7
6	8	1	9	2	7	4	5	3

Puzzle #30 - Hard

8	5	3	2	4	1	6	9	7
9	4	2	6	5	7	8	1	3
1	7	6	9	8	3	2	4	5
5	6	9	4	7	2	1	3	8
2	3	4	8	1	5	9	7	6
7	8	1	3	6	9	4	5	2
6	9	7	5	2	4	3	8	1
4	2	5	1	3	8	7	6	9
3	1	8	7	9	6	5	2	4

Puzzle #31 - Hard

3	6	9	8	5	4	1	2	7
5	2	1	7	6	3	9	8	4
7	4	8	1	9	2	5	3	6
9	7	2	6	4	8	3	5	1
6	3	4	5	2	1	7	9	8
8	1	5	9	3	7	6	4	2
1	9	3	4	8	6	2	7	5
4	5	6	2	7	9	8	1	3
2	8	7	3	1	5	4	6	9

Puzzle #32 - Hard

3	1	8	9	6	5	4	7	2
2	5	6	8	7	4	3	1	9
9	4	7	1	2	3	8	5	6
6	8	2	7	4	9	5	3	1
5	9	1	3	8	6	2	4	7
4	7	3	2	5	1	6	9	8
1	2	9	5	3	8	7	6	4
8	3	4	6	1	7	9	2	5
7	6	5	4	9	2	1	8	3

Puzzle #33 - Hard

5	2	6	1	7	3	8	4	9
1	9	7	5	8	4	3	2	6
8	4	3	9	2	6	5	7	1
9	8	2	7	3	5	6	1	4
7	3	1	4	6	9	2	8	5
4	6	5	2	1	8	9	3	7
6	1	4	8	9	2	7	5	3
3	7	8	6	5	1	4	9	2
2	5	9	3	4	7	1	6	8

Puzzle #34 - Hard

5	9	8	3	4	2	7	1	6
2	7	6	9	1	5	8	3	4
1	4	3	7	6	8	5	9	2
8	5	4	1	2	7	9	6	3
9	6	2	8	5	3	4	7	1
3	1	7	4	9	6	2	5	8
6	8	5	2	7	1	3	4	9
4	3	1	5	8	9	6	2	7
7	2	9	6	3	4	1	8	5

Puzzle #35 - Hard

3	1	2	6	9	7	5	8	4
4	8	7	1	5	2	3	6	9
5	6	9	3	4	8	2	7	1
7	5	1	2	3	6	9	4	8
8	4	6	9	1	5	7	3	2
9	2	3	8	7	4	1	5	6
2	3	4	7	8	1	6	9	5
1	7	8	5	6	9	4	2	3
6	9	5	4	2	3	8	1	7

Puzzle #36 - Hard

9	5	6	7	2	8	1	3	4
2	8	4	6	3	1	9	7	5
3	1	7	4	9	5	8	2	6
7	2	5	1	6	9	3	4	8
1	9	3	8	7	4	6	5	2
6	4	8	3	5	2	7	1	9
8	3	1	5	4	6	2	9	7
4	6	9	2	1	7	5	8	3
5	7	2	9	8	3	4	6	1

Puzzle #37 - Hard

8	6	3	4	2	5	9	7	1
5	7	9	8	3	1	2	4	6
1	2	4	9	7	6	5	3	8
6	3	1	5	8	7	4	2	9
9	8	7	6	4	2	3	1	5
4	5	2	3	1	9	8	6	7
7	9	5	2	6	3	1	8	4
3	1	8	7	9	4	6	5	2
2	4	6	1	5	8	7	9	3

Puzzle #38 - Hard

7	2	4	9	5	8	6	1	3
3	6	1	2	4	7	9	5	8
9	8	5	1	3	6	2	7	4
8	9	6	4	7	5	3	2	1
1	4	3	6	8	2	7	9	5
5	7	2	3	1	9	4	8	6
6	5	9	8	2	3	1	4	7
2	1	7	5	6	4	8	3	9
4	3	8	7	9	1	5	6	2

Puzzle #39 - Hard

1	2	6	9	4	8	5	3	7
3	9	8	7	5	6	1	2	4
4	7	5	3	1	2	6	9	8
2	8	1	6	7	9	4	5	3
7	6	3	4	8	5	2	1	9
9	5	4	1	2	3	7	8	6
8	4	9	5	6	1	3	7	2
6	1	2	8	3	7	9	4	5
5	3	7	2	9	4	8	6	1

Puzzle #40 - Hard

7	1	3	6	8	4	2	5	9
8	6	5	7	2	9	4	1	3
2	4	9	5	1	3	6	8	7
1	7	8	4	6	2	9	3	5
9	2	4	3	5	8	7	6	1
3	5	6	1	9	7	8	4	2
6	9	2	8	3	5	1	7	4
5	8	7	2	4	1	3	9	6
4	3	1	9	7	6	5	2	8

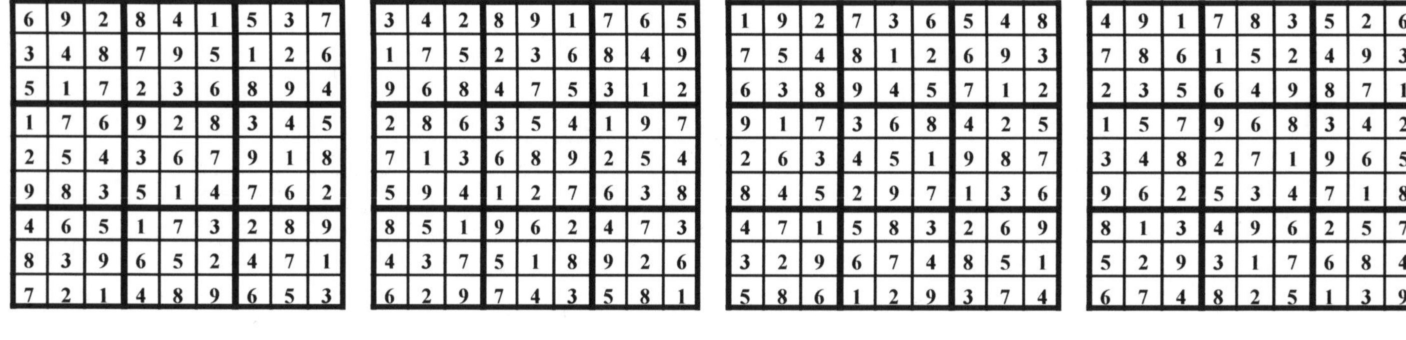

Puzzle #41 - Hard

6	9	2	8	4	1	5	3	7
3	4	8	7	9	5	1	2	6
5	1	7	2	3	6	8	9	4
1	7	6	9	2	8	3	4	5
2	5	4	3	6	7	9	1	8
9	8	3	5	1	4	7	6	2
4	6	5	1	7	3	2	8	9
8	3	9	6	5	2	4	7	1
7	2	1	4	8	9	6	5	3

Puzzle #42 - Hard

3	4	2	8	9	1	7	6	5
1	7	5	2	3	6	8	4	9
9	6	8	4	7	5	3	1	2
2	8	6	3	5	4	1	9	7
7	1	3	6	8	9	2	5	4
5	9	4	1	2	7	6	3	8
8	5	1	9	6	2	4	7	3
4	3	7	5	1	8	9	2	6
6	2	9	7	4	3	5	8	1

Puzzle #43 - Hard

1	9	2	7	3	6	5	4	8
7	5	4	8	1	2	6	9	3
6	3	8	9	4	5	7	1	2
9	1	7	3	6	8	4	2	5
2	6	3	4	5	1	9	8	7
8	4	5	2	9	7	1	3	6
4	7	1	5	8	3	2	6	9
3	2	9	6	7	4	8	5	1
5	8	6	1	2	9	3	7	4

Puzzle #44 - Hard

4	9	1	7	8	3	5	2	6
7	8	6	1	5	2	4	9	3
2	3	5	6	4	9	8	7	1
1	5	7	9	6	8	3	4	2
3	4	8	2	7	1	9	6	5
9	6	2	5	3	4	7	1	8
8	1	3	4	9	6	2	5	7
5	2	9	3	1	7	6	8	4
6	7	4	8	2	5	1	3	9

Puzzle #45 - Hard

4	8	3	7	6	2	5	1	9
6	9	1	5	8	4	7	3	2
5	7	2	9	1	3	4	6	8
3	2	8	1	5	7	9	4	6
1	6	5	4	9	8	2	7	3
9	4	7	2	3	6	8	5	1
8	1	4	6	2	5	3	9	7
2	5	6	3	7	9	1	8	4
7	3	9	8	4	1	6	2	5

Puzzle #46 - Hard

8	2	6	9	3	1	5	4	7
7	1	3	5	4	8	9	2	6
9	4	5	6	2	7	1	3	8
4	6	2	7	1	3	8	5	9
1	8	7	2	5	9	3	6	4
3	5	9	4	8	6	2	7	1
6	7	1	3	9	2	4	8	5
2	9	4	8	6	5	7	1	3
5	3	8	1	7	4	6	9	2

Puzzle #47 - Hard

8	4	9	7	5	6	1	2	3
5	3	1	2	9	4	8	6	7
2	7	6	1	8	3	9	4	5
4	1	3	6	2	8	5	7	9
9	5	7	4	3	1	6	8	2
6	2	8	9	7	5	3	1	4
3	8	4	5	1	7	2	9	6
7	9	5	8	6	2	4	3	1
1	6	2	3	4	9	7	5	8

Puzzle #48 - Hard

2	1	9	6	5	7	4	8	3
7	4	8	2	1	3	9	5	6
3	5	6	4	9	8	1	2	7
4	2	5	3	7	9	8	6	1
9	8	7	1	6	4	5	3	2
1	6	3	8	2	5	7	4	9
8	7	2	9	4	6	3	1	5
5	3	1	7	8	2	6	9	4
6	9	4	5	3	1	2	7	8

Puzzle #49 - Hard

9	7	6	2	5	1	4	3	8
2	1	3	6	8	4	7	5	9
4	5	8	7	9	3	2	6	1
6	9	4	1	3	7	5	8	2
1	8	7	4	2	5	6	9	3
3	2	5	8	6	9	1	7	4
7	6	1	9	4	8	3	2	5
8	3	2	5	1	6	9	4	7
5	4	9	3	7	2	8	1	6

Puzzle #50 - Hard

5	6	7	9	3	2	8	1	4
3	9	2	4	1	8	6	7	5
4	1	8	7	5	6	2	9	3
8	3	1	6	2	4	9	5	7
2	7	4	5	9	3	1	8	6
6	5	9	8	7	1	4	3	2
9	8	6	3	4	5	7	2	1
7	2	5	1	6	9	3	4	8
1	4	3	2	8	7	5	6	9

Puzzle #51 - Hard

6	7	4	5	9	3	2	1	8
8	2	1	4	6	7	3	9	5
3	9	5	8	2	1	4	7	6
5	8	7	1	4	2	9	6	3
1	6	2	9	3	8	5	4	7
4	3	9	6	7	5	1	8	2
7	5	6	2	1	9	8	3	4
9	4	8	3	5	6	7	2	1
2	1	3	7	8	4	6	5	9

Puzzle #52 - Hard

8	2	3	9	5	1	6	4	7
6	1	4	7	3	2	5	8	9
9	5	7	4	8	6	3	2	1
4	9	6	2	1	8	7	3	5
1	3	5	6	4	7	2	9	8
7	8	2	3	9	5	4	1	6
5	6	1	8	2	4	9	7	3
2	7	9	1	6	3	8	5	4
3	4	8	5	7	9	1	6	2

Puzzle #53 - Hard

3	1	9	7	2	5	6	8	4
2	4	7	8	1	6	9	5	3
8	5	6	9	3	4	2	7	1
6	7	4	5	9	3	1	2	8
1	3	5	2	6	8	7	4	9
9	8	2	4	7	1	3	6	5
7	2	8	3	4	9	5	1	6
5	6	3	1	8	7	4	9	2
4	9	1	6	5	2	8	3	7

Puzzle #54 - Hard

8	6	1	2	3	9	4	7	5
5	2	4	8	7	1	9	6	3
9	7	3	6	4	5	8	2	1
2	1	9	3	5	7	6	4	8
4	8	7	9	1	6	5	3	2
3	5	6	4	8	2	7	1	9
7	3	2	5	9	4	1	8	6
6	4	5	1	2	8	3	9	7
1	9	8	7	6	3	2	5	4

Puzzle #55 - Hard

4	6	1	7	5	9	2	3	8
5	7	3	8	2	4	1	6	9
9	2	8	3	1	6	4	7	5
1	4	6	9	3	8	7	5	2
8	9	7	5	6	2	3	4	1
3	5	2	1	4	7	8	9	6
6	8	4	2	7	5	9	1	3
7	3	9	6	8	1	5	2	4
2	1	5	4	9	3	6	8	7

Puzzle #56 - Hard

1	9	7	8	2	6	5	3	4
6	3	4	1	5	7	8	9	2
5	2	8	3	4	9	1	7	6
2	7	5	9	6	1	3	4	8
8	1	9	4	3	2	6	5	7
4	6	3	5	7	8	9	2	1
3	5	2	6	1	4	7	8	9
7	8	1	2	9	3	4	6	5
9	4	6	7	8	5	2	1	3

Puzzle #57 - Hard

1	4	6	5	3	8	9	7	2
3	9	5	2	7	4	6	8	1
2	8	7	9	6	1	5	3	4
8	5	1	3	4	9	2	6	7
9	6	4	7	8	2	1	5	3
7	3	2	6	1	5	4	9	8
6	2	3	1	5	7	8	4	9
4	7	9	8	2	6	3	1	5
5	1	8	4	9	3	7	2	6

Puzzle #58 - Hard

6	3	4	9	1	7	2	8	5
9	1	2	8	5	4	3	6	7
5	8	7	6	3	2	4	1	9
8	9	3	2	7	6	5	4	1
7	4	5	1	9	3	8	2	6
1	2	6	5	4	8	7	9	3
3	5	1	4	2	9	6	7	8
4	6	9	7	8	5	1	3	2
2	7	8	3	6	1	9	5	4

Puzzle #59 - Hard

9	4	1	3	2	7	6	5	8
2	8	3	6	5	1	9	7	4
5	6	7	8	4	9	3	1	2
6	7	9	5	8	4	1	2	3
3	5	8	9	1	2	7	4	6
4	1	2	7	6	3	5	8	9
8	9	5	2	7	6	4	3	1
1	2	6	4	3	5	8	9	7
7	3	4	1	9	8	2	6	5

Puzzle #60 - Hard

7	4	5	8	1	2	9	6	3
8	3	2	6	5	9	7	1	4
6	1	9	4	3	7	2	8	5
1	2	8	9	4	5	6	3	7
3	9	6	7	2	8	4	5	1
4	5	7	1	6	3	8	2	9
5	8	4	2	7	1	3	9	6
9	6	3	5	8	4	1	7	2
2	7	1	3	9	6	5	4	8

Puzzle #61 - Hard

5	6	4	2	9	7	3	8	1
8	7	1	6	3	5	9	2	4
9	2	3	8	4	1	6	7	5
2	8	6	4	5	3	1	9	7
1	4	7	9	2	8	5	6	3
3	9	5	1	7	6	2	4	8
6	5	2	7	1	4	8	3	9
7	3	8	5	6	9	4	1	2
4	1	9	3	8	2	7	5	6

Puzzle #62 - Hard

5	6	8	4	7	9	3	1	2
4	1	3	8	6	2	9	5	7
7	2	9	5	3	1	8	6	4
6	8	2	9	4	3	1	7	5
9	4	1	2	5	7	6	8	3
3	5	7	6	1	8	2	4	9
8	7	5	3	9	6	4	2	1
1	9	6	7	2	4	5	3	8
2	3	4	1	8	5	7	9	6

Puzzle #63 - Hard

1	6	9	3	2	5	4	7	8
4	8	2	1	7	6	3	9	5
5	3	7	9	8	4	1	2	6
9	5	4	6	3	7	8	1	2
2	7	6	8	9	1	5	4	3
3	1	8	5	4	2	7	6	9
7	9	5	2	1	8	6	3	4
8	4	3	7	6	9	2	5	1
6	2	1	4	5	3	9	8	7

Puzzle #64 - Hard

2	7	6	4	5	1	9	3	8
5	1	3	2	8	9	7	4	6
4	9	8	6	3	7	2	5	1
8	3	1	9	6	5	4	7	2
6	2	4	8	7	3	1	9	5
7	5	9	1	2	4	8	6	3
3	8	2	7	4	6	5	1	9
9	6	7	5	1	2	3	8	4
1	4	5	3	9	8	6	2	7

Puzzle #65 - Hard

9	6	3	4	7	8	2	5	1
2	1	4	5	3	9	6	8	7
8	5	7	6	2	1	9	3	4
1	3	8	7	9	6	5	4	2
5	7	6	1	4	2	3	9	8
4	9	2	3	8	5	7	1	6
7	8	5	2	1	3	4	6	9
3	2	1	9	6	4	8	7	5
6	4	9	8	5	7	1	2	3

Puzzle #66 - Hard

9	7	6	1	2	3	5	8	4
1	3	2	5	8	4	7	6	9
4	8	5	7	6	9	2	3	1
3	1	9	6	5	2	8	4	7
6	5	8	3	4	7	9	1	2
2	4	7	9	1	8	6	5	3
8	6	4	2	9	1	3	7	5
5	9	3	4	7	6	1	2	8
7	2	1	8	3	5	4	9	6

Puzzle #67 - Hard

7	2	8	5	1	4	3	9	6
9	4	1	8	3	6	2	5	7
6	5	3	2	7	9	1	8	4
3	6	9	1	8	7	4	2	5
4	1	5	3	6	2	8	7	9
8	7	2	9	4	5	6	3	1
5	9	4	6	2	8	7	1	3
2	3	7	4	5	1	9	6	8
1	8	6	7	9	3	5	4	2

Puzzle #68 - Hard

6	8	1	2	9	7	3	5	4
9	2	3	5	6	4	1	7	8
7	4	5	8	1	3	6	9	2
8	5	9	6	2	1	4	3	7
2	6	4	3	7	8	9	1	5
3	1	7	4	5	9	2	8	6
1	9	6	7	4	5	8	2	3
4	7	8	1	3	2	5	6	9
5	3	2	9	8	6	7	4	1

Puzzle #69 - Hard

9	2	4	7	6	3	8	1	5
7	5	6	4	8	1	2	3	9
3	8	1	9	2	5	6	7	4
5	6	9	2	1	8	3	4	7
2	7	8	3	5	4	1	9	6
4	1	3	6	9	7	5	2	8
1	9	5	8	7	2	4	6	3
8	3	7	1	4	6	9	5	2
6	4	2	5	3	9	7	8	1

Puzzle #70 - Hard

6	8	5	9	4	3	1	2	7
1	4	2	7	6	8	5	3	9
3	9	7	1	5	2	4	8	6
5	2	9	4	8	6	7	1	3
8	6	3	5	7	1	9	4	2
4	7	1	3	2	9	6	5	8
2	1	8	6	9	5	3	7	4
9	5	4	2	3	7	8	6	1
7	3	6	8	1	4	2	9	5

Puzzle #71 - Hard

1	9	7	6	8	5	3	2	4
6	3	4	1	9	2	5	7	8
5	2	8	4	7	3	9	6	1
9	7	3	8	1	4	6	5	2
2	1	5	3	6	7	8	4	9
8	4	6	2	5	9	1	3	7
3	6	2	9	4	1	7	8	5
7	8	1	5	2	6	4	9	3
4	5	9	7	3	8	2	1	6

Puzzle #72 - Hard

3	4	1	6	2	8	5	7	9
2	5	7	4	9	1	8	3	6
6	8	9	5	7	3	4	2	1
1	7	6	2	8	4	9	5	3
5	2	3	7	6	9	1	8	4
4	9	8	3	1	5	2	6	7
8	1	2	9	3	7	6	4	5
9	3	5	8	4	6	7	1	2
7	6	4	1	5	2	3	9	8

Puzzle #73 - Hard

2	9	7	5	8	6	4	3	1
6	3	8	4	1	2	5	9	7
1	5	4	7	9	3	2	6	8
5	8	9	1	2	4	3	7	6
4	6	2	3	7	9	8	1	5
7	1	3	6	5	8	9	4	2
9	2	6	8	4	7	1	5	3
8	7	1	9	3	5	6	2	4
3	4	5	2	6	1	7	8	9

Puzzle #74 - Hard

9	3	5	1	7	2	8	6	4
4	8	7	9	3	6	5	1	2
6	2	1	4	5	8	9	3	7
5	7	2	6	4	3	1	8	9
3	4	8	5	9	1	7	2	6
1	9	6	2	8	7	3	4	5
8	5	3	7	6	4	2	9	1
7	1	4	3	2	9	6	5	8
2	6	9	8	1	5	4	7	3

Puzzle #75 - Hard

4	6	5	3	1	2	9	8	7
3	1	7	8	6	9	5	2	4
9	2	8	5	4	7	1	3	6
7	4	2	9	3	1	6	5	8
6	3	9	4	8	5	7	1	2
8	5	1	7	2	6	4	9	3
2	9	6	1	7	3	8	4	5
1	8	3	6	5	4	2	7	9
5	7	4	2	9	8	3	6	1

Puzzle #76 - Hard

5	7	4	8	2	9	1	3	6
6	2	8	1	3	5	7	4	9
1	3	9	4	6	7	2	5	8
3	1	5	6	7	4	8	9	2
8	9	2	5	1	3	6	7	4
7	4	6	2	9	8	3	1	5
4	8	3	7	5	6	9	2	1
9	6	1	3	4	2	5	8	7
2	5	7	9	8	1	4	6	3

Puzzle #77 - Hard

9	2	4	8	3	7	6	5	1
8	6	1	4	5	2	7	9	3
7	3	5	1	9	6	8	4	2
4	9	6	2	8	3	5	1	7
5	8	2	7	1	9	3	6	4
1	7	3	5	6	4	9	2	8
2	4	8	9	7	5	1	3	6
6	1	9	3	4	8	2	7	5
3	5	7	6	2	1	4	8	9

Puzzle #78 - Hard

6	4	8	7	2	3	9	5	1
9	7	3	1	6	5	8	4	2
2	5	1	4	9	8	7	3	6
8	3	4	6	1	7	2	9	5
5	1	6	9	8	2	3	7	4
7	2	9	5	3	4	6	1	8
4	8	2	3	7	1	5	6	9
1	6	7	2	5	9	4	8	3
3	9	5	8	4	6	1	2	7

Puzzle #79 - Hard

1	6	7	2	9	8	4	5	3
3	8	4	7	5	1	6	2	9
9	2	5	6	3	4	7	1	8
2	5	1	9	6	7	8	3	4
6	4	3	5	8	2	9	7	1
7	9	8	4	1	3	5	6	2
5	1	6	3	4	9	2	8	7
4	3	2	8	7	5	1	9	6
8	7	9	1	2	6	3	4	5

Puzzle #80 - Hard

5	3	4	8	2	6	7	9	1
6	9	8	7	1	3	2	4	5
1	2	7	5	4	9	6	8	3
3	8	5	1	9	2	4	6	7
4	1	2	6	5	7	9	3	8
7	6	9	4	3	8	5	1	2
8	4	3	9	7	5	1	2	6
9	7	6	2	8	1	3	5	4
2	5	1	3	6	4	8	7	9

Puzzle #81 - Hard

7	8	3	1	4	2	5	9	6
2	4	6	5	3	9	7	8	1
1	9	5	6	7	8	3	2	4
5	2	1	8	6	4	9	3	7
3	6	8	7	9	1	4	5	2
9	7	4	3	2	5	6	1	8
8	1	7	4	5	3	2	6	9
4	5	2	9	8	6	1	7	3
6	3	9	2	1	7	8	4	5

Puzzle #82 - Hard

7	6	8	5	1	9	2	3	4
3	2	5	4	6	8	1	9	7
4	1	9	3	7	2	8	6	5
6	4	7	8	2	5	3	1	9
9	5	1	7	3	6	4	2	8
2	8	3	9	4	1	5	7	6
8	3	6	1	9	4	7	5	2
1	9	4	2	5	7	6	8	3
5	7	2	6	8	3	9	4	1

Puzzle #83 - Hard

3	2	6	8	5	9	7	4	1
4	7	8	6	3	1	5	2	9
9	5	1	4	7	2	6	3	8
5	6	4	3	1	7	9	8	2
8	3	2	9	6	5	1	7	4
7	1	9	2	8	4	3	5	6
6	8	5	1	2	3	4	9	7
1	4	7	5	9	8	2	6	3
2	9	3	7	4	6	8	1	5

Puzzle #84 - Hard

3	6	8	5	7	1	9	4	2
4	7	9	6	2	3	1	5	8
5	1	2	8	4	9	3	7	6
8	5	7	1	3	4	6	2	9
9	3	4	2	6	8	5	1	7
6	2	1	7	9	5	4	8	3
1	4	3	9	8	2	7	6	5
2	9	6	4	5	7	8	3	1
7	8	5	3	1	6	2	9	4

Puzzle #85 - Hard

4	8	1	5	3	9	7	6	2
3	2	9	6	8	7	5	4	1
7	5	6	1	2	4	9	8	3
1	3	8	7	9	5	4	2	6
2	7	5	4	6	8	3	1	9
9	6	4	3	1	2	8	5	7
6	1	7	8	4	3	2	9	5
5	4	2	9	7	6	1	3	8
8	9	3	2	5	1	6	7	4

Puzzle #86 - Hard

8	2	4	1	6	3	9	7	5
6	7	1	9	4	5	8	2	3
5	3	9	7	2	8	6	1	4
1	5	3	6	8	9	2	4	7
2	6	8	4	7	1	5	3	9
4	9	7	3	5	2	1	8	6
9	4	2	5	1	7	3	6	8
3	1	6	8	9	4	7	5	2
7	8	5	2	3	6	4	9	1

Puzzle #87 - Hard

4	2	3	7	1	6	9	5	8
5	7	8	9	4	3	1	6	2
6	9	1	2	5	8	7	4	3
9	3	4	8	2	5	6	1	7
7	5	6	1	3	4	2	8	9
8	1	2	6	9	7	4	3	5
1	4	5	3	7	2	8	9	6
2	6	9	5	8	1	3	7	4
3	8	7	4	6	9	5	2	1

Puzzle #88 - Hard

3	2	9	7	4	5	8	1	6
7	6	1	9	8	2	5	4	3
5	4	8	6	1	3	2	9	7
8	1	3	5	2	6	9	7	4
4	9	5	8	3	7	6	2	1
6	7	2	1	9	4	3	8	5
9	5	7	4	6	8	1	3	2
1	3	4	2	5	9	7	6	8
2	8	6	3	7	1	4	5	9

Puzzle #89 - Hard

6	4	9	5	3	1	7	8	2
2	7	8	6	4	9	5	3	1
1	3	5	7	8	2	6	9	4
5	1	7	8	2	3	4	6	9
8	9	6	4	1	5	2	7	3
3	2	4	9	7	6	1	5	8
9	5	2	1	6	8	3	4	7
7	8	1	3	5	4	9	2	6
4	6	3	2	9	7	8	1	5

Puzzle #90 - Hard

7	5	1	6	2	9	8	3	4
8	2	4	7	1	3	9	6	5
9	6	3	8	4	5	1	2	7
5	4	8	2	7	1	3	9	6
2	9	7	3	6	8	5	4	1
1	3	6	9	5	4	7	8	2
4	7	9	1	8	2	6	5	3
3	1	5	4	9	6	2	7	8
6	8	2	5	3	7	4	1	9

Puzzle #91 - Hard

5	8	4	3	6	7	9	1	2
6	9	2	1	8	5	7	4	3
1	3	7	4	9	2	8	5	6
7	6	8	2	4	9	5	3	1
4	1	9	5	7	3	2	6	8
2	5	3	6	1	8	4	7	9
8	2	1	7	3	4	6	9	5
9	7	6	8	5	1	3	2	4
3	4	5	9	2	6	1	8	7

Puzzle #92 - Hard

3	2	7	5	8	9	4	6	1
6	5	4	3	2	1	8	7	9
8	9	1	4	7	6	3	2	5
5	1	6	9	4	8	2	3	7
2	4	9	7	5	3	6	1	8
7	8	3	1	6	2	5	9	4
1	7	8	2	3	5	9	4	6
4	3	5	6	9	7	1	8	2
9	6	2	8	1	4	7	5	3

Puzzle #93 - Hard

4	7	2	1	3	6	8	5	9
3	1	9	5	7	8	2	4	6
5	8	6	9	2	4	1	3	7
7	5	8	3	6	1	4	9	2
9	3	4	8	5	2	6	7	1
2	6	1	7	4	9	3	8	5
1	9	7	2	8	3	5	6	4
8	4	5	6	1	7	9	2	3
6	2	3	4	9	5	7	1	8

Puzzle #94 - Hard

5	1	7	3	6	9	8	2	4
8	4	9	7	1	2	6	5	3
6	2	3	8	5	4	7	1	9
4	9	8	5	2	3	1	6	7
3	6	5	1	4	7	2	9	8
1	7	2	9	8	6	4	3	5
7	8	1	6	3	5	9	4	2
2	5	6	4	9	8	3	7	1
9	3	4	2	7	1	5	8	6

Puzzle #95 - Hard

6	1	5	2	9	7	3	8	4
9	8	7	4	3	5	1	6	2
4	2	3	1	8	6	9	7	5
8	3	4	5	6	2	7	1	9
1	7	9	8	4	3	5	2	6
2	5	6	7	1	9	4	3	8
3	4	1	9	2	8	6	5	7
7	6	8	3	5	4	2	9	1
5	9	2	6	7	1	8	4	3

Puzzle #96 - Hard

4	1	7	3	8	6	2	5	9
6	3	9	2	7	5	4	8	1
2	5	8	1	4	9	3	6	7
3	6	1	5	9	4	8	7	2
7	9	5	8	2	3	6	1	4
8	4	2	6	1	7	5	9	3
9	7	6	4	3	8	1	2	5
5	2	4	9	6	1	7	3	8
1	8	3	7	5	2	9	4	6

Puzzle #97 - Hard

3	4	6	1	5	9	2	8	7
7	5	9	2	6	8	1	3	4
1	8	2	3	4	7	6	5	9
5	2	8	4	1	6	7	9	3
9	6	1	7	3	5	4	2	8
4	3	7	9	8	2	5	6	1
2	1	4	5	9	3	8	7	6
8	9	5	6	7	4	3	1	2
6	7	3	8	2	1	9	4	5

Puzzle #98 - Hard

9	7	3	6	5	2	4	1	8
1	4	2	8	3	7	9	5	6
8	6	5	4	1	9	3	7	2
4	5	6	7	8	1	2	9	3
7	2	8	9	4	3	5	6	1
3	9	1	5	2	6	8	4	7
2	3	7	1	9	4	6	8	5
5	1	4	3	6	8	7	2	9
6	8	9	2	7	5	1	3	4

Puzzle #99 - Hard

6	2	7	5	3	4	9	1	8
3	1	4	8	7	9	2	5	6
8	9	5	6	1	2	4	7	3
2	4	6	3	5	1	7	8	9
7	5	3	4	9	8	6	2	1
9	8	1	7	2	6	3	4	5
5	7	9	1	4	3	8	6	2
4	6	2	9	8	5	1	3	7
1	3	8	2	6	7	5	9	4

Puzzle #100 - Hard

1	7	3	2	4	6	9	5	8
8	5	2	1	7	9	3	4	6
4	6	9	8	5	3	1	7	2
9	1	7	6	3	8	5	2	4
6	2	4	5	9	1	8	3	7
3	8	5	7	2	4	6	9	1
5	9	6	4	8	7	2	1	3
2	4	1	3	6	5	7	8	9
7	3	8	9	1	2	4	6	5

Puzzle #1 - Very Hard

7	8	1	5	6	2	4	9	3
4	6	2	3	9	7	1	8	5
3	5	9	4	8	1	6	2	7
9	4	5	8	2	3	7	6	1
2	3	6	1	7	9	5	4	8
8	1	7	6	4	5	2	3	9
1	7	8	2	3	6	9	5	4
6	9	3	7	5	4	8	1	2
5	2	4	9	1	8	3	7	6

Puzzle #2 - Very Hard

5	1	9	3	2	4	8	7	6
8	4	6	1	7	5	2	9	3
2	3	7	9	8	6	1	4	5
6	8	1	4	5	2	9	3	7
3	2	4	7	6	9	5	1	8
7	9	5	8	3	1	4	6	2
1	6	8	5	9	3	7	2	4
9	5	3	2	4	7	6	8	1
4	7	2	6	1	8	3	5	9

Puzzle #3 - Very Hard

2	7	3	6	8	4	9	5	1
8	1	6	5	9	3	2	7	4
5	9	4	1	2	7	8	3	6
4	5	7	2	1	8	6	9	3
1	6	2	3	4	9	5	8	7
3	8	9	7	6	5	4	1	2
9	3	8	4	7	6	1	2	5
7	4	1	9	5	2	3	6	8
6	2	5	8	3	1	7	4	9

Puzzle #4 - Very Hard

4	9	1	7	8	3	5	2	6
7	8	6	1	5	2	4	9	3
2	3	5	6	4	9	8	7	1
1	5	7	9	6	8	3	4	2
3	4	8	2	7	1	9	6	5
9	6	2	5	3	4	7	1	8
8	1	3	4	9	6	2	5	7
5	2	9	3	1	7	6	8	4
6	7	4	8	2	5	1	3	9

Puzzle #5 - Very Hard

4	8	1	2	6	9	7	5	3
2	7	9	5	3	4	8	1	6
3	6	5	1	7	8	2	9	4
6	1	2	9	4	7	3	8	5
5	4	8	3	1	6	9	2	7
9	3	7	8	2	5	4	6	1
1	9	6	4	8	3	5	7	2
7	5	3	6	9	2	1	4	8
8	2	4	7	5	1	6	3	9

Puzzle #6 - Very Hard

9	2	4	3	8	7	5	6	1
5	1	8	6	4	9	7	2	3
6	7	3	2	1	5	9	8	4
8	6	1	4	9	2	3	7	5
2	4	9	5	7	3	8	1	6
3	5	7	1	6	8	2	4	9
4	9	2	7	3	6	1	5	8
1	8	5	9	2	4	6	3	7
7	3	6	8	5	1	4	9	2

Puzzle #7 - Very Hard

1	4	9	6	3	5	7	2	8
7	8	5	4	2	1	3	6	9
2	3	6	8	7	9	4	1	5
6	9	8	7	1	3	2	5	4
3	2	4	5	8	6	1	9	7
5	7	1	9	4	2	6	8	3
4	1	3	2	5	8	9	7	6
8	6	7	1	9	4	5	3	2
9	5	2	3	6	7	8	4	1

Puzzle #8 - Very Hard

3	6	8	1	7	9	2	5	4
9	4	2	8	6	5	1	7	3
1	7	5	2	4	3	6	8	9
6	1	9	7	5	4	3	2	8
7	5	4	3	8	2	9	1	6
2	8	3	9	1	6	5	4	7
5	9	1	4	3	8	7	6	2
8	2	6	5	9	7	4	3	1
4	3	7	6	2	1	8	9	5

Puzzle #9 - Very Hard

3	9	5	8	7	2	6	4	1
2	7	1	6	3	4	5	8	9
6	8	4	1	9	5	2	3	7
9	2	3	7	6	1	8	5	4
1	4	6	5	2	8	9	7	3
7	5	8	3	4	9	1	6	2
5	6	2	4	1	7	3	9	8
4	3	9	2	8	6	7	1	5
8	1	7	9	5	3	4	2	6

Puzzle #10 - Very Hard

6	4	3	9	5	2	7	1	8
5	8	7	1	4	6	9	3	2
2	9	1	8	3	7	6	5	4
4	7	2	5	8	1	3	6	9
8	5	6	2	9	3	4	7	1
3	1	9	6	7	4	2	8	5
1	2	8	3	6	9	5	4	7
9	3	4	7	1	5	8	2	6
7	6	5	4	2	8	1	9	3

Puzzle #11 - Very Hard

9	6	4	7	3	2	5	1	8
2	7	1	8	5	6	3	9	4
5	8	3	1	4	9	7	6	2
1	9	5	3	2	4	6	8	7
8	4	2	5	6	7	9	3	1
6	3	7	9	1	8	4	2	5
3	2	9	4	7	1	8	5	6
7	5	6	2	8	3	1	4	9
4	1	8	6	9	5	2	7	3

Puzzle #12 - Very Hard

1	6	3	4	7	9	5	8	2
2	5	7	1	8	6	4	9	3
8	9	4	5	2	3	1	7	6
5	3	2	6	9	8	7	1	4
4	8	6	7	1	5	2	3	9
9	7	1	3	4	2	8	6	5
3	1	5	8	6	4	9	2	7
7	4	9	2	3	1	6	5	8
6	2	8	9	5	7	3	4	1

Puzzle #13 - Very Hard

1	2	3	6	8	5	4	9	7
8	9	5	4	2	7	6	3	1
7	6	4	1	9	3	5	8	2
9	5	2	8	4	1	7	6	3
4	8	1	7	3	6	2	5	9
3	7	6	9	5	2	1	4	8
5	1	7	3	6	8	9	2	4
2	4	8	5	7	9	3	1	6
6	3	9	2	1	4	8	7	5

Puzzle #14 - Very Hard

8	7	9	1	5	3	4	2	6
4	3	1	7	2	6	8	9	5
6	2	5	4	8	9	3	7	1
9	8	7	6	3	1	5	4	2
2	6	3	9	4	5	1	8	7
1	5	4	2	7	8	6	3	9
5	4	2	8	6	7	9	1	3
3	1	8	5	9	2	7	6	4
7	9	6	3	1	4	2	5	8

Puzzle #15 - Very Hard

4	7	1	2	3	6	8	5	9
3	5	2	8	1	9	6	7	4
9	6	8	5	4	7	3	2	1
1	3	5	6	2	4	9	8	7
2	9	4	7	8	1	5	6	3
6	8	7	3	9	5	1	4	2
5	2	3	9	7	8	4	1	6
7	1	6	4	5	3	2	9	8
8	4	9	1	6	2	7	3	5

Puzzle #16 - Very Hard

1	7	9	8	5	2	6	3	4
3	2	6	9	7	4	8	1	5
8	5	4	3	1	6	7	9	2
6	8	2	4	3	5	9	7	1
7	1	3	2	8	9	5	4	6
4	9	5	1	6	7	3	2	8
2	6	8	7	4	3	1	5	9
9	3	1	5	2	8	4	6	7
5	4	7	6	9	1	2	8	3

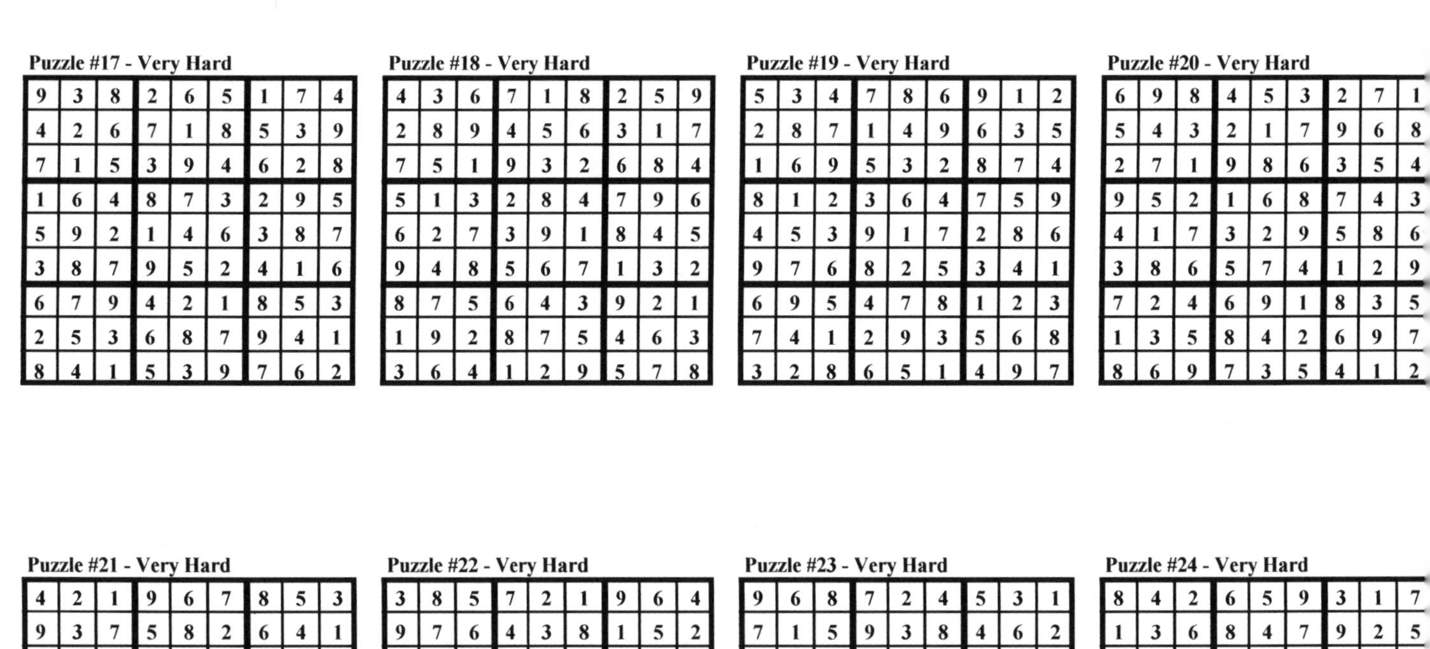

Puzzle #17 - Very Hard

9	3	8	2	6	5	1	7	4
4	2	6	7	1	8	5	3	9
7	1	5	3	9	4	6	2	8
1	6	4	8	7	3	2	9	5
5	9	2	1	4	6	3	8	7
3	8	7	9	5	2	4	1	6
6	7	9	4	2	1	8	5	3
2	5	3	6	8	7	9	4	1
8	4	1	5	3	9	7	6	2

Puzzle #18 - Very Hard

4	3	6	7	1	8	2	5	9
2	8	9	4	5	6	3	1	7
7	5	1	9	3	2	6	8	4
5	1	3	2	8	4	7	9	6
6	2	7	3	9	1	8	4	5
9	4	8	5	6	7	1	3	2
8	7	5	6	4	3	9	2	1
1	9	2	8	7	5	4	6	3
3	6	4	1	2	9	5	7	8

Puzzle #19 - Very Hard

5	3	4	7	8	6	9	1	2
2	8	7	1	4	9	6	3	5
1	6	9	5	3	2	8	7	4
8	1	2	3	6	4	7	5	9
4	5	3	9	1	7	2	8	6
9	7	6	8	2	5	3	4	1
6	9	5	4	7	8	1	2	3
7	4	1	2	9	3	5	6	8
3	2	8	6	5	1	4	9	7

Puzzle #20 - Very Hard

6	9	8	4	5	3	2	7	1
5	4	3	2	1	7	9	6	8
2	7	1	9	8	6	3	5	4
9	5	2	1	6	8	7	4	3
4	1	7	3	2	9	5	8	6
3	8	6	5	7	4	1	2	9
7	2	4	6	9	1	8	3	5
1	3	5	8	4	2	6	9	7
8	6	9	7	3	5	4	1	2

Puzzle #21 - Very Hard

4	2	1	9	6	7	8	5	3
9	3	7	5	8	2	6	4	1
5	8	6	4	3	1	2	7	9
1	6	2	3	7	8	5	9	4
8	9	4	6	1	5	7	3	2
3	7	5	2	9	4	1	8	6
6	5	8	1	4	9	3	2	7
2	1	9	7	5	3	4	6	8
7	4	3	8	2	6	9	1	5

Puzzle #22 - Very Hard

3	8	5	7	2	1	9	6	4
9	7	6	4	3	8	1	5	2
1	2	4	6	9	5	8	3	7
6	5	2	9	8	7	3	4	1
7	4	1	3	5	2	6	9	8
8	3	9	1	4	6	2	7	5
5	6	8	2	7	3	4	1	9
4	1	7	8	6	9	5	2	3
2	9	3	5	1	4	7	8	6

Puzzle #23 - Very Hard

9	6	8	7	2	4	5	3	1
7	1	5	9	3	8	4	6	2
3	2	4	1	5	6	9	7	8
6	5	7	2	8	3	1	4	9
1	4	9	5	6	7	2	8	3
2	8	3	4	9	1	7	5	6
5	7	6	3	1	2	8	9	4
8	9	1	6	4	5	3	2	7
4	3	2	8	7	9	6	1	5

Puzzle #24 - Very Hard

8	4	2	6	5	9	3	1	7
1	3	6	8	4	7	9	2	5
5	9	7	2	3	1	4	8	6
2	7	3	4	9	6	8	5	1
6	5	8	3	1	2	7	4	9
4	1	9	5	7	8	6	3	2
3	6	1	9	2	4	5	7	8
9	2	4	7	8	5	1	6	3
7	8	5	1	6	3	2	9	4

Puzzle #25 - Very Hard

6	3	7	4	5	1	9	8	2
1	9	4	7	8	2	3	6	5
2	5	8	6	9	3	7	4	1
5	7	9	1	3	8	4	2	6
3	6	2	5	4	7	8	1	9
8	4	1	9	2	6	5	7	3
7	2	5	8	6	9	1	3	4
9	1	3	2	7	4	6	5	8
4	8	6	3	1	5	2	9	7

Puzzle #26 - Very Hard

2	4	8	9	1	7	6	5	3
7	9	6	5	4	3	2	8	1
1	3	5	2	6	8	7	9	4
5	6	7	4	2	9	3	1	8
4	8	1	7	3	6	9	2	5
9	2	3	1	8	5	4	6	7
3	1	2	8	9	4	5	7	6
8	7	4	6	5	2	1	3	9
6	5	9	3	7	1	8	4	2

Puzzle #27 - Very Hard

4	1	7	3	8	6	2	5	9
6	3	9	2	7	5	4	8	1
2	5	8	1	4	9	3	6	7
3	6	1	5	9	4	8	7	2
7	9	5	8	2	3	6	1	4
8	4	2	6	1	7	5	9	3
9	7	6	4	3	8	1	2	5
5	2	4	9	6	1	7	3	8
1	8	3	7	5	2	9	4	6

Puzzle #28 - Very Hard

4	7	6	3	5	8	1	9	2
5	8	9	4	1	2	6	3	7
2	3	1	9	7	6	4	5	8
9	2	3	8	6	7	5	4	1
6	5	7	1	2	4	9	8	3
1	4	8	5	9	3	7	2	6
8	9	2	7	4	1	3	6	5
7	6	4	2	3	5	8	1	9
3	1	5	6	8	9	2	7	4

Puzzle #29 - Very Hard

8	3	7	6	1	5	9	2	4
2	6	5	4	9	3	1	8	7
4	1	9	7	8	2	5	3	6
9	7	1	2	6	4	3	5	8
3	4	2	9	5	8	7	6	1
5	8	6	3	7	1	2	4	9
1	2	3	8	4	9	6	7	5
6	5	4	1	2	7	8	9	3
7	9	8	5	3	6	4	1	2

Puzzle #30 - Very Hard

4	2	6	1	3	5	7	8	9
3	8	9	6	4	7	1	5	2
5	7	1	9	8	2	4	6	3
2	4	8	7	9	6	5	3	1
6	1	5	8	2	3	9	7	4
7	9	3	5	1	4	6	2	8
9	6	4	3	5	8	2	1	7
8	5	2	4	7	1	3	9	6
1	3	7	2	6	9	8	4	5

Puzzle #31 - Very Hard

1	7	6	3	4	8	5	2	9
5	3	4	2	9	7	8	1	6
9	8	2	1	5	6	4	7	3
7	2	9	6	3	5	1	4	8
8	1	5	9	7	4	6	3	2
6	4	3	8	1	2	9	5	7
3	6	7	4	8	1	2	9	5
2	9	1	5	6	3	7	8	4
4	5	8	7	2	9	3	6	1

Puzzle #32 - Very Hard

5	7	4	6	9	1	3	2	8
2	6	8	3	4	5	9	7	1
9	3	1	2	7	8	4	6	5
8	4	6	1	5	3	7	9	2
7	5	2	9	8	4	1	3	6
3	1	9	7	6	2	8	5	4
6	2	7	4	1	9	5	8	3
1	9	5	8	3	6	2	4	7
4	8	3	5	2	7	6	1	9

Puzzle #33 - Very Hard

1	6	5	2	3	9	7	4	8
3	4	2	8	6	7	1	9	5
7	8	9	5	4	1	6	2	3
6	9	7	3	1	2	5	8	4
5	3	1	4	7	8	9	6	2
8	2	4	9	5	6	3	7	1
9	5	6	1	8	4	2	3	7
2	1	8	7	9	3	4	5	6
4	7	3	6	2	5	8	1	9

Puzzle #34 - Very Hard

8	1	5	4	2	3	6	9	7
4	9	3	6	7	1	2	5	8
6	2	7	8	5	9	4	1	3
3	5	9	7	8	6	1	4	2
1	7	6	2	3	4	5	8	9
2	8	4	9	1	5	3	7	6
9	6	8	5	4	2	7	3	1
7	4	1	3	6	8	9	2	5
5	3	2	1	9	7	8	6	4

Puzzle #35 - Very Hard

3	6	9	4	2	8	5	7	1
8	4	7	5	1	3	2	9	6
5	1	2	6	7	9	4	8	3
6	7	8	9	3	5	1	4	2
1	9	5	7	4	2	6	3	8
4	2	3	1	8	6	7	5	9
7	8	4	3	6	1	9	2	5
9	3	6	2	5	4	8	1	7
2	5	1	8	9	7	3	6	4

Puzzle #36 - Very Hard

2	3	7	8	1	4	9	6	5
4	1	6	5	7	9	3	8	2
5	9	8	3	6	2	7	1	4
1	5	4	6	2	7	8	3	9
3	7	9	1	5	8	4	2	6
6	8	2	9	4	3	5	7	1
7	4	5	2	3	6	1	9	8
9	6	1	7	8	5	2	4	3
8	2	3	4	9	1	6	5	7

Puzzle #37 - Very Hard

6	9	8	1	5	2	3	4	7
4	7	1	9	3	8	6	2	5
5	3	2	6	4	7	8	1	9
7	4	9	3	8	5	2	6	1
3	1	6	2	7	9	5	8	4
8	2	5	4	1	6	7	9	3
2	5	7	8	9	1	4	3	6
1	6	3	5	2	4	9	7	8
9	8	4	7	6	3	1	5	2

Puzzle #38 - Very Hard

9	4	7	5	2	3	8	6	1
8	1	2	9	7	6	5	4	3
6	5	3	1	8	4	2	9	7
4	6	5	7	1	8	3	2	9
1	3	9	6	5	2	7	8	4
2	7	8	3	4	9	6	1	5
7	2	1	4	6	5	9	3	8
3	8	4	2	9	7	1	5	6
5	9	6	8	3	1	4	7	2

Puzzle #39 - Very Hard

3	1	2	7	8	9	5	4	6
5	4	8	1	6	2	3	7	9
6	7	9	5	3	4	1	8	2
4	3	7	2	9	6	8	5	1
1	2	6	8	5	3	4	9	7
9	8	5	4	7	1	6	2	3
8	5	3	6	2	7	9	1	4
7	6	4	9	1	5	2	3	8
2	9	1	3	4	8	7	6	5

Puzzle #40 - Very Hard

5	8	9	7	3	1	4	6	2
3	7	4	6	8	2	9	1	5
1	2	6	4	5	9	3	8	7
7	6	8	3	9	5	2	4	1
4	5	1	2	7	8	6	9	3
9	3	2	1	6	4	7	5	8
8	4	5	9	2	7	1	3	6
6	9	7	5	1	3	8	2	4
2	1	3	8	4	6	5	7	9

Puzzle #41 - Very Hard

7	9	2	3	6	5	4	8	1
8	4	1	2	9	7	6	3	5
6	3	5	1	4	8	2	7	9
4	1	8	6	7	2	9	5	3
2	5	7	9	3	1	8	4	6
9	6	3	8	5	4	7	1	2
3	7	4	5	2	9	1	6	8
1	2	6	4	8	3	5	9	7
5	8	9	7	1	6	3	2	4

Puzzle #42 - Very Hard

7	6	8	9	3	2	5	4	1
4	5	2	6	1	7	3	8	9
1	9	3	4	5	8	2	7	6
2	4	5	1	9	3	8	6	7
3	1	7	2	8	6	4	9	5
9	8	6	5	7	4	1	3	2
5	3	4	7	2	9	6	1	8
8	7	1	3	6	5	9	2	4
6	2	9	8	4	1	7	5	3

Puzzle #43 - Very Hard

9	5	2	4	6	3	1	8	7
3	7	4	2	1	8	9	6	5
6	8	1	7	9	5	4	3	2
2	6	3	1	7	9	8	5	4
8	4	9	5	2	6	3	7	1
7	1	5	8	3	4	2	9	6
1	2	6	3	8	7	5	4	9
5	3	7	9	4	1	6	2	8
4	9	8	6	5	2	7	1	3

Puzzle #44 - Very Hard

1	5	7	3	6	4	9	8	2
8	9	2	1	5	7	4	6	3
6	4	3	2	8	9	5	7	1
4	3	9	6	7	2	8	1	5
7	6	5	8	9	1	3	2	4
2	1	8	5	4	3	6	9	7
5	7	6	4	1	8	2	3	9
9	2	4	7	3	6	1	5	8
3	8	1	9	2	5	7	4	6

Puzzle #45 - Very Hard

7	3	5	4	9	8	2	1	6
8	4	1	6	2	7	9	5	3
6	2	9	1	5	3	4	7	8
2	1	6	7	4	9	8	3	5
3	5	4	8	6	1	7	2	9
9	8	7	2	3	5	1	6	4
1	7	3	5	8	4	6	9	2
5	6	8	9	1	2	3	4	7
4	9	2	3	7	6	5	8	1

Puzzle #46 - Very Hard

5	1	4	2	7	8	6	9	3
2	3	7	6	9	1	4	8	5
9	8	6	5	4	3	2	1	7
4	6	3	8	1	9	5	7	2
1	2	9	7	6	5	8	3	4
8	7	5	4	3	2	9	6	1
6	4	8	1	2	7	3	5	9
3	5	1	9	8	4	7	2	6
7	9	2	3	5	6	1	4	8

Puzzle #47 - Very Hard

9	3	8	4	2	6	1	5	7
4	7	2	1	3	5	9	8	6
6	5	1	9	8	7	3	4	2
3	8	6	7	4	9	5	2	1
1	9	5	2	6	8	7	3	4
7	2	4	3	5	1	6	9	8
8	6	9	5	7	2	4	1	3
2	1	3	6	9	4	8	7	5
5	4	7	8	1	3	2	6	9

Puzzle #48 - Very Hard

7	4	5	8	1	2	9	6	3
8	3	2	6	5	9	7	1	4
6	1	9	4	3	7	2	8	5
1	2	8	9	4	5	6	3	7
3	9	6	7	2	8	4	5	1
4	5	7	1	6	3	8	2	9
5	8	4	2	7	1	3	9	6
9	6	3	5	8	4	1	7	2
2	7	1	3	9	6	5	4	8

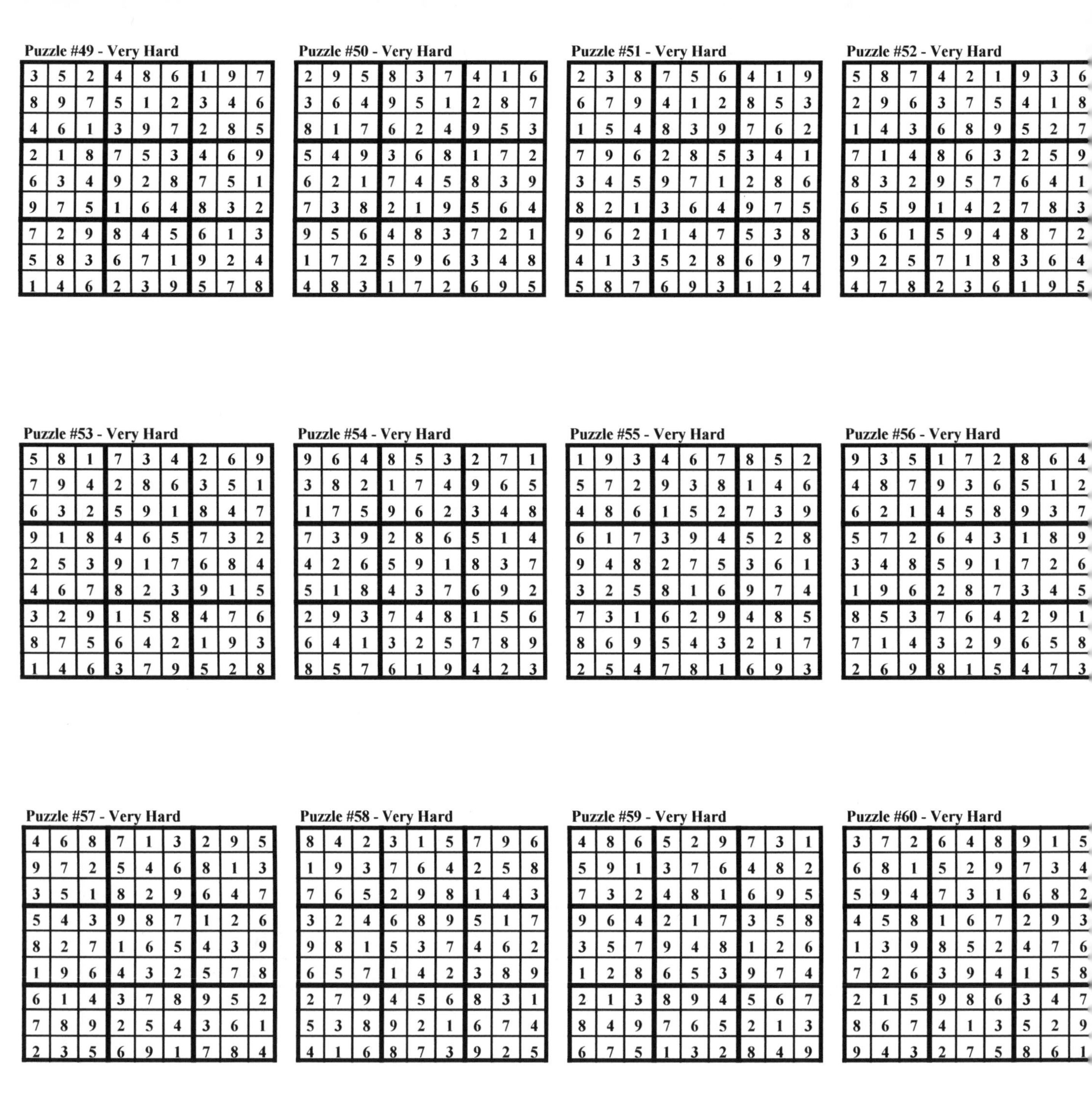

Puzzle #49 - Very Hard

3	5	2	4	8	6	1	9	7
8	9	7	5	1	2	3	4	6
4	6	1	3	9	7	2	8	5
2	1	8	7	5	3	4	6	9
6	3	4	9	2	8	7	5	1
9	7	5	1	6	4	8	3	2
7	2	9	8	4	5	6	1	3
5	8	3	6	7	1	9	2	4
1	4	6	2	3	9	5	7	8

Puzzle #50 - Very Hard

2	9	5	8	3	7	4	1	6
3	6	4	9	5	1	2	8	7
8	1	7	6	2	4	9	5	3
5	4	9	3	6	8	1	7	2
6	2	1	7	4	5	8	3	9
7	3	8	2	1	9	5	6	4
9	5	6	4	8	3	7	2	1
1	7	2	5	9	6	3	4	8
4	8	3	1	7	2	6	9	5

Puzzle #51 - Very Hard

2	3	8	7	5	6	4	1	9
6	7	9	4	1	2	8	5	3
1	5	4	8	3	9	7	6	2
7	9	6	2	8	5	3	4	1
3	4	5	9	7	1	2	8	6
8	2	1	3	6	4	9	7	5
9	6	2	1	4	7	5	3	8
4	1	3	5	2	8	6	9	7
5	8	7	6	9	3	1	2	4

Puzzle #52 - Very Hard

5	8	7	4	2	1	9	3	6
2	9	6	3	7	5	4	1	8
1	4	3	6	8	9	5	2	7
7	1	4	8	6	3	2	5	9
8	3	2	9	5	7	6	4	1
6	5	9	1	4	2	7	8	3
3	6	1	5	9	4	8	7	2
9	2	5	7	1	8	3	6	4
4	7	8	2	3	6	1	9	5

Puzzle #53 - Very Hard

5	8	1	7	3	4	2	6	9
7	9	4	2	8	6	3	5	1
6	3	2	5	9	1	8	4	7
9	1	8	4	6	5	7	3	2
2	5	3	9	1	7	6	8	4
4	6	7	8	2	3	9	1	5
3	2	9	1	5	8	4	7	6
8	7	5	6	4	2	1	9	3
1	4	6	3	7	9	5	2	8

Puzzle #54 - Very Hard

9	6	4	8	5	3	2	7	1
3	8	2	1	7	4	9	6	5
1	7	5	9	6	2	3	4	8
7	3	9	2	8	6	5	1	4
4	2	6	5	9	1	8	3	7
5	1	8	4	3	7	6	9	2
2	9	3	7	4	8	1	5	6
6	4	1	3	2	5	7	8	9
8	5	7	6	1	9	4	2	3

Puzzle #55 - Very Hard

1	9	3	4	6	7	8	5	2
5	7	2	9	3	8	1	4	6
4	8	6	1	5	2	7	3	9
6	1	7	3	9	4	5	2	8
9	4	8	2	7	5	3	6	1
3	2	5	8	1	6	9	7	4
7	3	1	6	2	9	4	8	5
8	6	9	5	4	3	2	1	7
2	5	4	7	8	1	6	9	3

Puzzle #56 - Very Hard

9	3	5	1	7	2	8	6	4
4	8	7	9	3	6	5	1	2
6	2	1	4	5	8	9	3	7
5	7	2	6	4	3	1	8	9
3	4	8	5	9	1	7	2	6
1	9	6	2	8	7	3	4	5
8	5	3	7	6	4	2	9	1
7	1	4	3	2	9	6	5	8
2	6	9	8	1	5	4	7	3

Puzzle #57 - Very Hard

4	6	8	7	1	3	2	9	5
9	7	2	5	4	6	8	1	3
3	5	1	8	2	9	6	4	7
5	4	3	9	8	7	1	2	6
8	2	7	1	6	5	4	3	9
1	9	6	4	3	2	5	7	8
6	1	4	3	7	8	9	5	2
7	8	9	2	5	4	3	6	1
2	3	5	6	9	1	7	8	4

Puzzle #58 - Very Hard

8	4	2	3	1	5	7	9	6
1	9	3	7	6	4	2	5	8
7	6	5	2	9	8	1	4	3
3	2	4	6	8	9	5	1	7
9	8	1	5	3	7	4	6	2
6	5	7	1	4	2	3	8	9
2	7	9	4	5	6	8	3	1
5	3	8	9	2	1	6	7	4
4	1	6	8	7	3	9	2	5

Puzzle #59 - Very Hard

4	8	6	5	2	9	7	3	1
5	9	1	3	7	6	4	8	2
7	3	2	4	8	1	6	9	5
9	6	4	2	1	7	3	5	8
3	5	7	9	4	8	1	2	6
1	2	8	6	5	3	9	7	4
2	1	3	8	9	4	5	6	7
8	4	9	7	6	5	2	1	3
6	7	5	1	3	2	8	4	9

Puzzle #60 - Very Hard

3	7	2	6	4	8	9	1	5
6	8	1	5	2	9	7	3	4
5	9	4	7	3	1	6	8	2
4	5	8	1	6	7	2	9	3
1	3	9	8	5	2	4	7	6
7	2	6	3	9	4	1	5	8
2	1	5	9	8	6	3	4	7
8	6	7	4	1	3	5	2	9
9	4	3	2	7	5	8	6	1

Puzzle #61 - Very Hard

5	6	2	3	9	1	4	8	7
4	3	7	2	8	5	6	1	9
9	8	1	6	4	7	2	5	3
6	7	4	5	1	8	3	9	2
2	1	9	4	7	3	5	6	8
3	5	8	9	6	2	7	4	1
7	9	6	8	3	4	1	2	5
1	4	5	7	2	9	8	3	6
8	2	3	1	5	6	9	7	4

Puzzle #62 - Very Hard

8	2	3	6	7	5	1	4	9
5	1	9	8	4	2	7	3	6
7	4	6	9	1	3	2	8	5
2	9	7	1	3	8	6	5	4
1	3	5	7	6	4	8	9	2
6	8	4	5	2	9	3	7	1
3	5	8	2	9	6	4	1	7
9	6	1	4	8	7	5	2	3
4	7	2	3	5	1	9	6	8

Puzzle #63 - Very Hard

7	5	1	6	2	9	8	4	3
6	4	9	1	8	3	7	5	2
8	2	3	5	4	7	9	1	6
4	7	8	2	9	6	1	3	5
1	3	5	8	7	4	2	6	9
9	6	2	3	1	5	4	8	7
5	9	7	4	6	8	3	2	1
2	8	6	7	3	1	5	9	4
3	1	4	9	5	2	6	7	8

Puzzle #64 - Very Hard

6	7	1	9	2	3	5	4	8
3	5	2	4	1	8	9	6	7
8	4	9	7	5	6	3	2	1
7	2	8	5	9	1	4	3	6
9	3	4	8	6	2	1	7	5
1	6	5	3	7	4	2	8	9
2	1	7	6	4	5	8	9	3
5	8	6	2	3	9	7	1	4
4	9	3	1	8	7	6	5	2

Puzzle #65 - Very Hard

5	1	9	4	2	8	3	7	6
6	7	8	9	1	3	5	4	2
4	3	2	6	5	7	8	9	1
1	8	5	3	9	2	7	6	4
3	9	4	8	7	6	2	1	5
7	2	6	1	4	5	9	8	3
9	5	3	7	6	4	1	2	8
2	6	1	5	8	9	4	3	7
8	4	7	2	3	1	6	5	9

Puzzle #66 - Very Hard

8	5	1	2	6	7	4	3	9
6	9	7	4	3	5	1	2	8
3	2	4	9	8	1	7	5	6
1	3	5	6	4	9	2	8	7
2	7	6	8	1	3	5	9	4
4	8	9	5	7	2	3	6	1
5	4	2	1	9	8	6	7	3
9	1	3	7	2	6	8	4	5
7	6	8	3	5	4	9	1	2

Puzzle #67 - Very Hard

6	9	3	2	7	1	5	8	4
5	2	1	9	4	8	3	6	7
8	7	4	5	6	3	9	2	1
2	1	9	4	3	7	6	5	8
7	3	5	6	8	9	1	4	2
4	8	6	1	2	5	7	9	3
9	5	7	8	1	2	4	3	6
3	6	2	7	5	4	8	1	9
1	4	8	3	9	6	2	7	5

Puzzle #68 - Very Hard

3	1	8	9	6	5	4	7	2
2	5	6	8	7	4	3	1	9
9	4	7	1	2	3	8	5	6
6	8	2	7	4	9	5	3	1
5	9	1	3	8	6	2	4	7
4	7	3	2	5	1	6	9	8
1	2	9	5	3	8	7	6	4
8	3	4	6	1	7	9	2	5
7	6	5	4	9	2	1	8	3

Puzzle #69 - Very Hard

6	4	3	9	5	7	2	8	1
5	8	1	3	4	2	6	7	9
9	2	7	8	6	1	5	4	3
1	9	4	5	7	3	8	6	2
7	3	2	6	8	9	1	5	4
8	6	5	2	1	4	9	3	7
3	5	9	4	2	8	7	1	6
4	7	6	1	9	5	3	2	8
2	1	8	7	3	6	4	9	5

Puzzle #70 - Very Hard

4	6	9	3	8	2	7	5	1
2	3	7	5	1	4	9	8	6
8	1	5	7	9	6	3	2	4
7	4	3	9	6	5	2	1	8
9	5	1	2	4	8	6	3	7
6	2	8	1	3	7	4	9	5
5	7	4	8	2	3	1	6	9
1	8	2	6	7	9	5	4	3
3	9	6	4	5	1	8	7	2

Puzzle #71 - Very Hard

8	2	3	9	5	1	6	4	7
6	1	4	7	3	2	5	8	9
9	5	7	4	8	6	3	2	1
4	9	6	2	1	8	7	3	5
1	3	5	6	4	7	2	9	8
7	8	2	3	9	5	4	1	6
5	6	1	8	2	4	9	7	3
2	7	9	1	6	3	8	5	4
3	4	8	5	7	9	1	6	2

Puzzle #72 - Very Hard

7	6	8	9	3	2	5	4	1
4	5	2	6	1	7	3	8	9
1	9	3	4	5	8	2	7	6
2	4	5	1	9	3	8	6	7
3	1	7	2	8	6	4	9	5
9	8	6	5	7	4	1	3	2
5	3	4	7	2	9	6	1	8
8	7	1	3	6	5	9	2	4
6	2	9	8	4	1	7	5	3

Puzzle #73 - Very Hard

6	5	8	9	3	1	2	7	4
3	4	9	7	2	6	5	1	8
2	7	1	8	5	4	3	9	6
8	1	3	2	6	9	4	5	7
5	2	6	1	4	7	9	8	3
4	9	7	5	8	3	6	2	1
9	3	2	6	1	8	7	4	5
1	6	5	4	7	2	8	3	9
7	8	4	3	9	5	1	6	2

Puzzle #74 - Very Hard

3	7	4	5	8	6	9	2	1
9	6	8	2	1	7	5	3	4
1	2	5	4	3	9	7	6	8
4	5	7	6	2	8	1	9	3
6	1	3	9	4	5	8	7	2
8	9	2	3	7	1	4	5	6
7	3	6	8	9	4	2	1	5
2	4	1	7	5	3	6	8	9
5	8	9	1	6	2	3	4	7

Puzzle #75 - Very Hard

3	8	4	2	9	6	7	1	5
9	7	6	1	5	3	8	4	2
5	2	1	7	4	8	3	9	6
4	5	8	6	7	1	2	3	9
1	9	7	3	2	4	6	5	8
6	3	2	5	8	9	1	7	4
7	6	9	4	3	2	5	8	1
8	1	5	9	6	7	4	2	3
2	4	3	8	1	5	9	6	7

Puzzle #76 - Very Hard

6	1	2	7	3	9	4	5	8
8	7	5	4	2	1	9	3	6
9	4	3	5	6	8	2	1	7
4	6	1	8	9	7	3	2	5
3	2	8	6	1	5	7	4	9
7	5	9	3	4	2	6	8	1
1	9	7	2	5	4	8	6	3
5	3	4	9	8	6	1	7	2
2	8	6	1	7	3	5	9	4

Puzzle #77 - Very Hard

5	1	3	6	8	4	2	7	9
4	7	9	5	3	2	1	8	6
2	8	6	1	9	7	3	5	4
6	4	1	3	5	8	7	9	2
7	2	5	9	4	6	8	3	1
3	9	8	7	2	1	6	4	5
1	6	4	8	7	9	5	2	3
9	3	7	2	1	5	4	6	8
8	5	2	4	6	3	9	1	7

Puzzle #78 - Very Hard

3	2	4	6	9	8	5	1	7
1	5	9	2	3	7	8	4	6
7	6	8	5	4	1	2	9	3
5	3	6	8	1	9	7	2	4
4	1	7	3	5	2	6	8	9
8	9	2	4	7	6	3	5	1
9	4	3	7	2	5	1	6	8
6	7	5	1	8	4	9	3	2
2	8	1	9	6	3	4	7	5

Puzzle #79 - Very Hard

1	4	3	7	8	5	6	9	2
8	9	5	2	6	1	3	4	7
7	6	2	3	9	4	8	5	1
6	3	7	1	2	9	4	8	5
4	8	1	5	7	6	2	3	9
2	5	9	8	4	3	7	1	6
3	2	6	9	1	8	5	7	4
9	7	8	4	5	2	1	6	3
5	1	4	6	3	7	9	2	8

Puzzle #80 - Very Hard

2	7	5	6	1	9	8	3	4
6	1	9	8	4	3	5	2	7
8	3	4	7	2	5	6	1	9
4	8	7	3	9	6	2	5	1
3	9	6	1	5	2	7	4	8
5	2	1	4	8	7	9	6	3
1	5	3	9	6	8	4	7	2
7	6	8	2	3	4	1	9	5
9	4	2	5	7	1	3	8	6

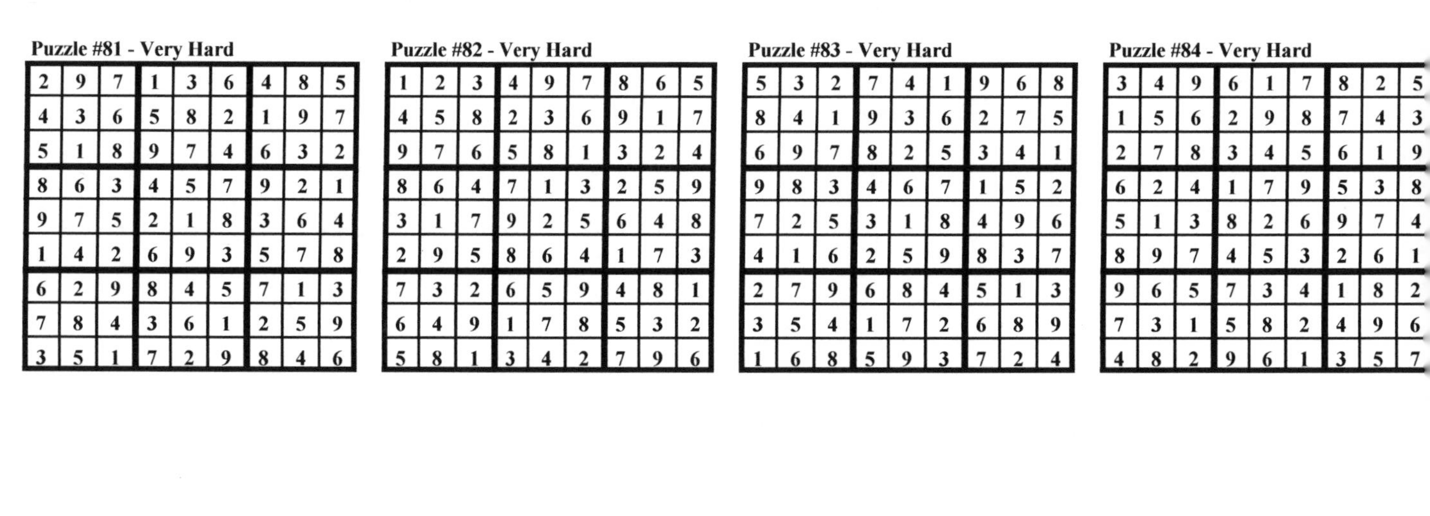

Puzzle #81 - Very Hard

2	9	7	1	3	6	4	8	5
4	3	6	5	8	2	1	9	7
5	1	8	9	7	4	6	3	2
8	6	3	4	5	7	9	2	1
9	7	5	2	1	8	3	6	4
1	4	2	6	9	3	5	7	8
6	2	9	8	4	5	7	1	3
7	8	4	3	6	1	2	5	9
3	5	1	7	2	9	8	4	6

Puzzle #82 - Very Hard

1	2	3	4	9	7	8	6	5
4	5	8	2	3	6	9	1	7
9	7	6	5	8	1	3	2	4
8	6	4	7	1	3	2	5	9
3	1	7	9	2	5	6	4	8
2	9	5	8	6	4	1	7	3
7	3	2	6	5	9	4	8	1
6	4	9	1	7	8	5	3	2
5	8	1	3	4	2	7	9	6

Puzzle #83 - Very Hard

5	3	2	7	4	1	9	6	8
8	4	1	9	3	6	2	7	5
6	9	7	8	2	5	3	4	1
9	8	3	4	6	7	1	5	2
7	2	5	3	1	8	4	9	6
4	1	6	2	5	9	8	3	7
2	7	9	6	8	4	5	1	3
3	5	4	1	7	2	6	8	9
1	6	8	5	9	3	7	2	4

Puzzle #84 - Very Hard

3	4	9	6	1	7	8	2	5
1	5	6	2	9	8	7	4	3
2	7	8	3	4	5	6	1	9
6	2	4	1	7	9	5	3	8
5	1	3	8	2	6	9	7	4
8	9	7	4	5	3	2	6	1
9	6	5	7	3	4	1	8	2
7	3	1	5	8	2	4	9	6
4	8	2	9	6	1	3	5	7

Puzzle #85 - Very Hard

9	3	4	6	1	5	2	8	7
7	5	2	3	4	8	6	1	9
8	1	6	9	7	2	5	4	3
1	6	7	4	5	9	3	2	8
5	2	3	7	8	1	9	6	4
4	8	9	2	6	3	7	5	1
2	9	5	8	3	4	1	7	6
6	4	1	5	9	7	8	3	2
3	7	8	1	2	6	4	9	5

Puzzle #86 - Very Hard

1	2	9	5	8	4	7	3	6
8	5	6	7	1	3	9	2	4
4	7	3	6	9	2	8	5	1
2	3	8	4	6	7	5	1	9
6	9	4	8	5	1	3	7	2
7	1	5	3	2	9	4	6	8
3	8	2	1	4	5	6	9	7
5	6	1	9	7	8	2	4	3
9	4	7	2	3	6	1	8	5

Puzzle #87 - Very Hard

9	5	8	3	1	4	2	6	7
2	4	3	7	9	6	5	1	8
7	1	6	8	5	2	3	4	9
1	3	9	6	2	8	7	5	4
8	7	4	5	3	1	9	2	6
5	6	2	9	4	7	8	3	1
6	9	5	4	8	3	1	7	2
4	8	1	2	7	5	6	9	3
3	2	7	1	6	9	4	8	5

Puzzle #88 - Very Hard

8	3	1	7	6	4	9	5	2
6	5	2	9	1	3	4	7	8
7	4	9	2	8	5	1	3	6
9	2	7	8	3	6	5	4	1
5	1	8	4	9	7	6	2	3
3	6	4	5	2	1	7	8	9
1	7	6	3	4	2	8	9	5
4	9	3	1	5	8	2	6	7
2	8	5	6	7	9	3	1	4

Puzzle #89 - Very Hard

6	1	3	7	5	9	8	2	4
4	8	9	2	1	6	3	7	5
5	2	7	8	3	4	6	1	9
9	6	5	1	7	8	4	3	2
3	7	8	5	4	2	9	6	1
1	4	2	6	9	3	7	5	8
2	5	4	9	6	7	1	8	3
7	9	1	3	8	5	2	4	6
8	3	6	4	2	1	5	9	7

Puzzle #90 - Very Hard

8	1	9	4	7	2	5	6	3
7	4	3	6	5	9	8	2	1
5	6	2	3	8	1	4	9	7
2	8	1	9	4	5	7	3	6
4	9	6	2	3	7	1	5	8
3	7	5	8	1	6	9	4	2
9	3	7	5	6	8	2	1	4
1	2	4	7	9	3	6	8	5
6	5	8	1	2	4	3	7	9

Puzzle #91 - Very Hard

4	1	9	6	5	8	3	7	2
5	7	3	2	9	1	4	6	8
2	6	8	3	4	7	1	5	9
6	3	4	7	1	9	8	2	5
8	9	7	5	2	4	6	1	3
1	2	5	8	3	6	9	4	7
7	8	1	9	6	2	5	3	4
3	4	2	1	8	5	7	9	6
9	5	6	4	7	3	2	8	1

Puzzle #92 - Very Hard

4	8	6	5	7	1	3	2	9
5	2	9	4	3	8	1	7	6
7	3	1	2	6	9	5	4	8
3	6	4	9	8	7	2	5	1
9	1	2	6	4	5	8	3	7
8	5	7	3	1	2	6	9	4
6	7	3	1	2	4	9	8	5
1	9	8	7	5	3	4	6	2
2	4	5	8	9	6	7	1	3

Puzzle #93 - Very Hard

7	9	2	3	6	5	4	8	1
8	4	1	2	9	7	6	3	5
6	3	5	1	4	8	2	7	9
4	1	8	6	7	2	9	5	3
2	5	7	9	3	1	8	4	6
9	6	3	8	5	4	7	1	2
3	7	4	5	2	9	1	6	8
1	2	6	4	8	3	5	9	7
5	8	9	7	1	6	3	2	4

Puzzle #94 - Very Hard

1	4	7	5	8	6	2	3	9
6	8	3	2	7	9	5	1	4
2	5	9	3	1	4	7	8	6
4	1	5	6	9	3	8	7	2
7	2	8	1	4	5	6	9	3
3	9	6	7	2	8	4	5	1
5	6	4	9	3	7	1	2	8
9	7	1	8	6	2	3	4	5
8	3	2	4	5	1	9	6	7

Puzzle #95 - Very Hard

9	7	2	6	8	1	4	3	5
4	6	8	2	5	3	7	1	9
1	3	5	4	9	7	6	2	8
2	4	3	9	7	5	1	8	6
6	1	9	8	3	4	2	5	7
8	5	7	1	6	2	3	9	4
3	9	4	5	2	6	8	7	1
7	8	1	3	4	9	5	6	2
5	2	6	7	1	8	9	4	3

Puzzle #96 - Very Hard

7	5	1	6	2	9	8	4	3
6	4	9	1	8	3	7	5	2
8	2	3	5	4	7	9	1	6
4	7	8	2	9	6	1	3	5
1	3	5	8	7	4	2	6	9
9	6	2	3	1	5	4	8	7
5	9	7	4	6	8	3	2	1
2	8	6	7	3	1	5	9	4
3	1	4	9	5	2	6	7	8

Puzzle #97 - Very Hard

1	7	5	3	4	6	9	2	8
6	4	8	2	9	5	7	3	1
9	3	2	1	7	8	5	6	4
2	1	6	8	3	7	4	5	9
4	9	3	6	5	1	8	7	2
5	8	7	4	2	9	3	1	6
8	5	1	9	6	3	2	4	7
7	6	4	5	8	2	1	9	3
3	2	9	7	1	4	6	8	5

Puzzle #98 - Very Hard

7	1	6	3	8	2	4	9	5
8	4	2	9	5	6	1	3	7
9	5	3	4	1	7	6	2	8
3	6	8	2	4	5	7	1	9
4	9	1	6	7	3	8	5	2
5	2	7	8	9	1	3	6	4
2	7	9	1	3	4	5	8	6
1	8	4	5	6	9	2	7	3
6	3	5	7	2	8	9	4	1

Puzzle #99 - Very Hard

4	7	3	2	8	1	9	6	5
9	5	8	6	3	7	1	2	4
6	2	1	4	9	5	3	8	7
5	9	4	3	1	8	6	7	2
3	6	7	9	2	4	8	5	1
8	1	2	5	7	6	4	3	9
1	4	5	7	6	3	2	9	8
7	3	9	8	4	2	5	1	6
2	8	6	1	5	9	7	4	3

Puzzle #100 - Very Hard

3	8	1	5	9	7	6	2	4
2	7	9	6	4	3	8	1	5
4	6	5	8	1	2	3	9	7
5	4	2	1	6	8	9	7	3
1	3	7	9	2	5	4	6	8
8	9	6	3	7	4	1	5	2
9	2	3	7	8	1	5	4	6
6	5	4	2	3	9	7	8	1
7	1	8	4	5	6	2	3	9

Did you enjoy this book?

Leave us a review on Amazon.

1. Go to Amazon.
2. Search for *Rebecca Robbins.*
3. Find this book.
4. Click the *Write a Review* button.

Thank you in advance!

Made in the USA
Lexington, KY
04 April 2017